Wie fange ich meine Rede an?

100 Ideen für 1000 eigene Anfänge

Michael Rossié

C.H.BECK

So nutzen Sie dieses Buch

Die folgenden Elemente erleichtern Ihnen die Orientierung im Buch:

Beispiele

In diesem Buch finden Sie zahlreiche Beispiele für Redeanfänge.

Die Merkekästen enthalten Hinweise und hilfreiche Tipps.

Auf den Punkt gebracht

Am Ende der Kapitel finden Sie eine kurze Zusammenfassung.

Inhalt

Vorwort   5

Einführung   7

Falsche Anfänge   8

    Das Publikum umsetzen   8

    Die Struktur oder Agenda   8

    Eine Auftrittsfanfare   10

    Herumlaufen   10

    Ausziehen   11

    Um Ruhe bitten   11

Vermeidbare Anfänge   13

    Die Bühne einrichten   13

    Die Hose hochziehen   13

    Wasser trinken   14

    Den Tontechniker ärgern   14

    Alles ausprobieren   15

Der universelle Anfang   16

Zu verbessernde Anfänge   17

Klassische Anfänge   22

Inhaltliche Anfänge   33

Sprachspielerische Anfänge 45

Persönliche Anfänge 58

Zuschauerbezogene Anfänge 68

Anlassbezogene Anfänge 74

Aktivierende Anfänge 82

Effektvolle Anfänge 88

Mutige Anfänge 97

Schauspielerische Anfänge 108

Anfänge mit Technik 116

Aufwendige Anfänge 124

Weitere Anfänge 127

Noch mehr Anfänge 130

Meine drei Lieblingsanfänge 131

Letzte Vorbereitungen 132

Das Ende 136

Erwähnte Bücher 139

Angesprochene Filme und Redner 140

Empfohlene Literatur 142

Und jedem Anfang wohnt ein Zauber inne …
Hermann Hesse

Vorwort

Dieses Buch zeigt Ihnen 100 verschiedene Möglichkeiten, wie Sie eine Rede wirkungsvoll anfangen können. Und zwar nicht, weil es in Wirklichkeit genau 100 sind oder weil ich in jahrelanger Recherche die 100 ultimativen Anfänge gefunden habe. Nein. Der Grund ist, dass der Umfang dieses Buches begrenzt ist.

Es gibt unendlich viele Möglichkeiten, eine Rede zu beginnen. So wie es unendlich viele Möglichkeiten gibt, ein Gespräch zu beginnen oder jemanden anzusprechen. Lassen Sie sich inspirieren und holen Sie sich Anregungen. Jedes Beispiel soll Ihnen zu einer eigenen Idee verhelfen, bei der Sie sagen: Super, so werde ich meine Rede anfangen. Meine Frau hat beim Korrekturlesen ihren Lieblingsanfang sofort entdeckt.

Dazu stelle ich Ihnen auch die elf Anfänge vor, die ich vermeiden oder zumindest verbessern würde. Viele Anfänge sind überflüssig oder einfallslos.

Wenn Sie in Zukunft Ihre Rede spannend, unkonventionell und eben einfach anders beginnen, ist das Ziel dieses Buches erreicht. Denn nichts lieben Zuschauer und Zuhörer mehr, als gefordert, beeindruckt und überrascht zu werden. Und nichts hassen sie mehr, als wenn man sie langweilt. Dabei ist es ganz egal, worüber man spricht.

Sobald Sie vor einer Gruppe stehen, nehmen Sie einer großen Anzahl von Menschen einen Teil ihrer Zeit weg. Gehen
Sie sorgsam damit um. Dann wird man Ihnen gerne ein
zweites Mal zuhören.

Sie können sich Folgendes vorstellen: Die Gruppe vor Ihnen
ist ein lebendiges Wesen, ein Wesen, das aus vielen einzelnen Organismen besteht. Und diese Organismen können
schnell eine Eigendynamik entwickeln, die Sie nicht mehr
kontrollieren können. Zuschauer sind freiwillig ruhig, wenn
sie sich entschlossen haben, Sie reden zu lassen. Ihre Zuhörer
können sich aber jederzeit anders entscheiden. Sie können
zum Beispiel beschließen, dazwischenzurufen, höhnisch zu
lachen oder aufzustehen und türenschlagend den Raum zu
verlassen.

Es ist ein erhebender Moment, wenn sich mehrere hun-
dert Menschen entschließen, jetzt für eine längere Zeit zu
schweigen und einem einzelnen Menschen zuzuhören. Das
ist eine Anerkennung, das ist eine Ehre, das ist ein kleines
Wunder. Die Spannung könnte kaum größer sein.

Das, was jetzt kommt, gibt die Richtung vor, legt den Ton
fest und erfüllt die Erwartung – oder eben nicht. Jetzt ent-
scheidet es sich, ob es sich gelohnt hat, sich nett anzuziehen,
sich in die Wirren des öffentlichen Nahverkehrs zu werfen
und den teuren Babysitter zu bezahlen.

Diesen besonderen Moment sollten Sie nicht zerstören, sondern ihn zu einem großen Moment machen.

Viel Spaß dabei!

Michael Rossié

Einführung

Vor vielen, vielen Jahren begann ein Film im Kino oder Fernsehen mit einem langen Vorspann, in dem zu einer passenden Musik alle Beteiligten vorgestellt wurden. In Büchern wurden auf den ersten zwanzig Seiten die handelnden Personen eingeführt, bevor sie das erste Abenteuer miteinander erlebten, und in der Schule erklärte der Deutschlehrer, dass eine Rede unbedingt mit einer Einleitung zu beginnen habe.

Dieses Buch enthält keine Tipps für Einleitungen, sondern für Anfänge. Egal ob für eine Rede, einen Videoclip, einen Podcast oder ein Interview.

Wir fangen an, wir starten, wir kämpfen um Aufmerksamkeit, wir wollen Beachtung. Und wenn wir die haben, dann kann es immer noch sein, dass wir ein paar technische Dinge ankündigen oder etwas sagen, was unbedingt vorher gesagt werden muss. Auch in heutigen Filmen werden die wichtigsten Mitwirkenden vorgestellt, aber erst nachdem man schon in der Geschichte ist.

Das wird Ihnen am Anfang seltsam vorkommen, dass ein Mensch die Bühne betreten und dann einfach loslegen soll. Aber wir leben in einer Zeit, in der man sich vorher ganz genau informiert hat, wo man hingeht, wer da spricht und über welches Thema.

Und auch wenn man das nicht weiß, hat man sich in dem Moment, in dem man Platz nimmt, entschieden, jetzt erst mal hier sitzen zu bleiben. Ruhe, es geht los!

Falsche Anfänge

Das Publikum umsetzen

Es kann sehr schwer sein, eine Rede in einem großen Raum zu halten, der nur mit wenigen Menschen besetzt ist. Die Zuschauer kommen sich verloren vor, es kommt keine Stimmung auf und der Anblick für den Redner ist demotivierend.

Sperren Sie die hinteren Reihen, wenn Sie zum Beispiel Filmaufnahmen machen und wollen, dass es im Zuschauerraum voll aussieht. Engagieren Sie Platzanweiser, die dafür sorgen, dass die ersten Reihen gut besetzt sind oder geben Sie Platzkarten aus.

Aber wenn die Zuschauer erst einmal sitzen, ist es zu spät. Wer seinen Platz verändern soll, tut das meist nur sehr widerwillig. Menschen, die schon sitzen, zu bitten, ihren Platz zu wechseln, sollte die Ausnahme sein. Kein Mensch verlässt gerne den Platz, den er sich ausgesucht hat. Auch wenn die erste Reihe leer ist, kann man die nicht einfach wegräumen. Dann sitzen nämlich die aus der zweiten Reihe plötzlich in der ersten Reihe …

Die Struktur oder Agenda

Es ist in meinen Augen ein weitverbreitetes Missverständnis: Die meisten Redner geben zu Beginn Ihrer Rede einen kleinen Überblick für ihre Zuschauer, was jetzt kommt. Das kann die Tagesordnung sein, das kann der Aufbau des Vortrags oder aber die Struktur der Argumentation sein. Etwa so:

Zunächst wollen wir einen Blick in die Vergangenheit werfen, dann werden wir uns sehr ausführlich mit dem Hier und Jetzt beschäftigen, um dann am Ende in einem dritten, sehr kühnen Schritt zu tun, einen Blick in die Zukunft …

Das ist sterbenslangweilig, weil es jede Spannung kaputt macht. Wir beginnen bei unseren Ferienerzählungen doch auch nicht mit einem kurzen Überblick über die Wassersportmöglichkeiten, um anschließend das Hotel und die Ausflüge zu beschreiben. In einem guten Roman geht es sofort los.

Schon als er um die Ecke bog, war ihm klar, dass er keine Chance hatte.

Für eine Rede, die bewegen soll, die begeistern soll, die Menschen für ein Thema interessieren soll oder die neue wissenschaftliche Erkenntnisse vorstellt, ist eine Übersicht über das, was kommt, in meinen Augen ein falscher Anfang.

> Struktur, Agenda, Tagesordnung, Vorschau … das ist alles sinnvoll im Unterricht. Wenn Sie Vorlesungen halten oder Menschen etwas beibringen wollen, dann lieben die es, wenn sie erkennen können, worauf Sie hinauswollen. Schüler und Studenten lernen leichter mit einer Struktur und sie können besser an Bekanntes anknüpfen, wenn sie wissen, welches Thema heute genau besprochen wird.

Eine Auftrittsfanfare

Manche Redner lieben Auftrittsmusik. Und bei Messen z. B., bei denen es keinen Moderator gibt, kann das hilfreich sein, mit Musik angekündigt zu werden. Ich werde oft gefragt, welche Musik ich mir für meinen Auftritt wünsche.

Aber seien Sie vorsichtig mit zu viel Pathos! Wenn die Eröffnungsmusik von Star Wars erklingt oder die Trompeten von Jericho gemeinsam mit den Wiener Philharmonikern, dann müssen Sie dieser Eröffnung auch gerecht werden. Wenn jetzt nichts wirklich richtig Tolles kommt, sind Sie als Redner die erste Enttäuschung des Abends. Denn je bombastischer die Musik, desto größer die Erwartung.

Vorsicht bei der Benutzung von Musik. Die Gema versteht keinen Spaß, wenn man sich einfach Musik aussucht, die einem gut gefällt. In jedem Elektronikmarkt gibt es CDs mit gemafreier Musik. Aber wenn Sie etwas Bestimmtes verwenden wollen, müssen Sie sich um die Rechte kümmern.

Herumlaufen

Es gibt Schauspieler und Redner, die wünschen sich den längstmöglichen Weg zur Bühne, damit sie einen großen Auftritt haben. Amerikanische Präsidenten lieben es, winkend von ganz hinten nach ganz vorne durch die Menge zu schreiten.

Ungeübte Sprecher, denen dieser ganze Bühnenauftritt noch nicht geheuer ist, fangen mitunter schon im Gehen an zu sprechen, damit sie die Peinlichkeit des Anfangs überbrücken können.

Der König oder die Königin der Rede aber kommt vorne an, stellt sich in die richtige Position, steht einen Moment ganz still – und fängt dann an.

Ausziehen

Schon die Hand am Hosenknopf und damit die Andeutung, sich auszuziehen, erzeugt in jeder Theaterkomödie einen todsicheren Lacher. Solche Art Lacher bekommt man auch, wenn man einen Ausdruck der Fäkalsprache im letzten Augenblick verschluckt oder wenn man derbe sexistische Bemerkungen macht.

Die Zuschauer lachen dann „unter Niveau" und auch die, die solche Witze furchtbar finden, lachen meistens. Widerstehen Sie trotzdem den billigen Tricks und suchen Sie nicht nach Lachern um jeden Preis.

Um Ruhe bitten

Manchmal kann es sehr hilfreich sein, angekündigt zu werden. Aber ich würde nie mit dem Wunsch beginnen „Meine Damen und Herren, darf ich um etwas Ruhe bitten".

Wenn einer da vorne steht, ist allen klar, dass der was sagen will. Lässt man ihn nicht, dann stimmt etwas nicht, und das Publikum will dem Redner etwas sagen. Sind die Zuschauer einfach nur gut gelaunt und unterhalten sich, dann wartet man eben einen Moment.

Auf den Punkt gebracht

So fange ich nicht an! Nie! Weil ich diese Anfänge für falsch halte, weil sie das Ziel, das Sie erreichen wollen, so nicht erreichen: Aufmerksamkeit bekommen, Interesse wecken und sich als Profi zu präsentieren, das geht so nicht.

Vermeidbare Anfänge

Räuspern Sie sich nicht, überlegen Sie nicht, ob Sie nicht doch lieber sitzen bleiben wollen und blicken Sie nicht ängstlich zu Ihrer Partnerin. Zu spät – es geht jetzt los. Und hier kommen noch ein paar Dinge, die Sie nach Möglichkeit vermeiden sollten.

Die Bühne einrichten

Die Bühne einzurichten ist ein sehr wichtiger Vorgang. Die Stellung des Redners auf der Bühne erzeugt eine Menge nonverbaler Signale. Der Ort und die Ausrichtung des Rednerpultes, der Standort des Beamers und die Drehung der Flipcharts werden von mir vor jedem Vortrag akribisch festgelegt. Aber eben vorher und nicht wenn ich die Bühne betrete, um zu reden.

Die Hose hochziehen

Auch das haben Sie vorher gemacht. Rumzuppeln an der Bluse, Richten des Jacketts oder Hochziehen der Hose als ersten Eindruck, den die Zuhörer von Ihnen bekommen, wirken eher ungünstig. Viele Redner nutzen den Weg nach vorne wunderbar für Korrekturen an ihrer Kleidung. Nein, sobald Sie alle ansehen, läuft Ihre Zeit.

Wasser trinken

Das haben Sie auch schon vorher erledigt. Und ein Glas Wasser ohne Kohlensäure, das Sie bereits gefüllt haben, steht für den Notfall auf der Bühne. Einen trockenen Mund haben Sie nur, wenn Sie aufgeregt sind. Im Notfall beißen Sie sich kurz leicht auf die Zunge, das hilft, dass Ihr Mund sich mit Wasser füllt und das trockene Gefühl verschwindet. Aber Sie müssen nicht trinken, weil Sie viel reden.

Den Tontechniker ärgern

Der Techniker sieht, wenn Sie etwas sagen wollen. Sie sollten weder eine Endlosreihe des Wortes „Test" ins Mikrofon sprechen, noch ans Mikrofon klopfen oder fragen, ob das Ding jetzt auch funktioniert. Atmen Sie ein und fangen Sie an.

 Am schwierigsten ist es, wenn kein Techniker da ist und jemand den Lautstärkeregler mit Klebeband in eine vorher festgelegte Stellung gebracht hat. Die Akustik des Raumes mit Zuschauern ist anders, Menschen reden meist lauter, wenn Publikum da ist, und auch das Mikrofon halten sie auf einmal anders. Wenn Sie sicher sein wollen, dass alles klappt, sollte jemand die ganze Rede neben dem Tonpult stehen und die Lautstärke bei Bedarf regeln.

Alles ausprobieren

Entweder hat ein Helfer alles für Sie vorbereitet oder Sie haben das selbst getan. Aber wenn es jetzt losgeht, sollte Ihr erster Weg nicht zur Fernbedienung des Beamers führen, um die erste Folie anzuklicken. Sie schlagen auch nicht die Hotelwerbung vom Flipchart nach hinten und Sie probieren nicht aus, ob der Filzstift auch schreibt. Auch die Treppe ist getestet und Sie sind sicher, dass kein Teil der Bühne knarzt.

Auf den Punkt gebracht

Wenn Sie etwas ausprobiert haben und es funktioniert, ist alles in Ordnung. Aber bei den gerade beschriebenen Anfängen sagt meine Erfahrung, dass sie nicht funktionieren. Denken Sie zweimal darüber nach, ob Sie so anfangen wollen. Vielleicht haben Sie ja noch eine andere Idee.

Der universelle Anfang

Egal, wo, zu wem oder warum Sie sprechen: Der Anfang für alle Reden ist gleich. Bevor es wirklich losgeht, sollte es immer so losgehen. Und dabei spielt es auch keine Rolle, worum es geht:

1. Die Pause

Ungeübte Redner warten nicht, die reden schon auf der Treppe. Sie haben Angst vor der Pause, wenn sie vorne sind. Sie wollen diese peinlichen Sekunden überbrücken, wenn sie von allen angestarrt werden. Sie wollen möglichst schnell fertig werden.

Der Profi steht an seinem Stuhl langsam auf, geht auf die Bühne und nimmt seinen Platz in der Mitte der Bühne ein. Er atmet ein, tief, aber unhörbar und er blickt nicht auf den Boden. Er schaut in die Runde. Er erdet sich. Er kommt an. Er verbindet sich mit der Bühne unter ihm. Dann zählt er innerlich bis drei. Die Zuschauer bekommen nicht die aufgewärmte Rede von gestern und sie sind auch nicht die Versuchskaninchen für morgen. Sie sind heute seine Partner. Er spürt sie, und sie spüren ihn. Er braucht diesen Moment, in dem er sich genau auf dieses Publikum einstellt.

Wenn er weiß, was sein Publikum genau jetzt von ihm will, dann fängt er an. Dann sagt er: „Meine Damen und Herren!" oder „Herzlich willkommen!" oder „Was für ein Tag!". Dann macht er noch eine kurze Pause. Und dann, wirklich erst dann – fängt er an.

Zu verbessernde Anfänge

2. Der Anfang vor dem Anfang

Sicher kann es nötig sein, noch etwas zu klären, bevor es losgeht. Aber damit geht es ja dann los. Der erste Satz ist immer der erste Satz und damit der Anfang. Es ist sehr nervig, wenn Sie vor dem Anfang anfangen.

■ *Bevor ich anfange …*

Auch wenn Sie vorher noch ein falsch geparktes Auto aufrufen müssen: Das ist dann Ihr Anfang. Das ist der erste Eindruck, den Sie hinterlassen. Also lassen Sie sich für das Auto was einfallen oder diese Aufgabe übernimmt ein anderer für Sie.

Ich habe mal einen Speaker erlebt, der sich nach Betreten der Bühne über die in Sichtweite aufgebaute Kamera aufgeregt hat. Es kam niemand, um die Kamera abzubauen und er musste weitermachen, ohne dass etwas passiert wäre. Der Anfang war aber verpatzt.

3. Am Anfang anfangen

Auch wenn es auf den ersten Blick nicht logisch klingt: Eine gute Rede beginnt nicht mit dem Anfang. Aufsätze fangen am Anfang an. Die meisten Romane und Erlebnisberichte auch. Aber spannende Reden fangen genauso wie spannende Erlebnisse meist da an, wo es losgeht. In der Mitte, bei den Folgen der Geschichte. Eine Rede, die so gebaut ist, dass sie am Anfang anfängt, ist langweilig. Also nicht:

- *Im zarten Alter von zwölf Monaten …*
- *Schon als ich ein ganz kleiner Junge war …*

Erschrecken Sie Ihr Publikum nicht schon mit den ersten Sätzen. Uns interessiert nicht die gesamte Entwicklung des Computers, wenn Sie uns die neue Tastatur vorstellen.

4. Etwas möchten

Viele Redner beginnen einen Vortrag, indem sie erklären, was sie gerne möchten.

- *Ich möchte als Erstes … vorstellen …*
- *Ich werde zunächst kurz …*

Da die Zeit immer knapp ist, lautet meine Empfehlung, das, was man möchte, einfach zu tun.

5. Weichmacher

Das Gleiche gilt, wenn Sie genau wissen, was Sie tun wollen, es aber so sagen, als ob Sie sich nicht ganz sicher wären.

- *Ich würde jetzt gerne …*
- *Wir könnten vielleicht als Erstes …*

Wenn Sie es gerne tun würden, dann tun Sie es nicht, weil Sie es ja nur würden, wenn man Sie ließe. Also kein „Ich würde …" vorab oder „Würden Sie mich bitte …". Denn Sie wollen doch, oder?

6. Sich entschuldigen

Wenn etwas nicht so ist, wie es sein soll, kann man das kurz ansprechen.

- *Die Präsentation war eigentlich anders geplant …*
- *Ich werde es heute deutlich kürzer machen, als Sie es erwarten.*

Sie können sich auch entschuldigen, wenn es etwas zu entschuldigen gibt. Aber sind Sie dabei nicht zerknirscht, unterwürfig, wehleidig oder bemüht. Fehler passieren – sogar Ihnen, und die korrigiert man so gut wie möglich. Aber wenn alles mit einer Entschuldigungsarie anfängt, dann kann das ziemlich nervig sein:

- *Ich bin ja eigentlich nicht der Fachmann.*
- *Die Folien sind nicht ideal, ich weiß. Ich habe zu meinem größten Bedauern …*
- *Es ist mir entsetzlich peinlich …*

Bei Lampenfieber übrigens finde ich jede Entschuldigung unangebracht. Erwähnen Sie das kurz, wenn Sie wollen. Aber mit fester Stimme und ohne die geringste Spur von Wehleidigkeit. Der König oder die Königen würde sich nur für Dinge entschuldigen, für die er/sie etwas kann. Und

Nervosität gehört nicht dazu. Wir können leider nicht entscheiden, ob wir nervös sind oder nicht.

7. Stimmungsfragen stellen

Während eines Vortrags Fragen zu stellen, kann ein sehr wirkungsvolles Mittel sein, das Publikum zu aktivieren, Spannung zu erzeugen und ein Thema interessant aufzubereiten. Sehr oft schließt sich an eine Rede auch eine Fragerunde an.

Aber diese Motivationsfragen, die das Publikum am Anfang in Stimmung bringen sollen, sind mir persönlich zutiefst zuwider:

- *Seid ihr alle gut drauf? – Das will ich noch mal hören.*
- *Ist das nicht toll hier? – Und jetzt alle!*
- *Das könnt Ihr besser, das weiß ich. Wie sind wir alle drauf?*

Beim Fremdschämen hilft es jetzt noch besonders, wenn der Redner so richtig viel Druck in seine Frage legt und das Publikum anschreit.

Sollten bei der Veranstaltung allerdings schon große Mengen Alkohol geflossen sein, dann bin ich eventuell bereit, meine Meinung noch einmal zu überdenken. Aber auch da können Sie sich was anderes einfallen lassen, als „Geht es euch gut?" oder „Ich will ein Ja hören!".

8. Appelle

Nichts ist für Zuschauer anstrengender, als wenn sie dauernd angefahren werden, was sie jetzt zu kaufen, zu tun oder zu glauben haben. Und schon gar nicht am Anfang.

> - *Eines müssen Sie mir heute glauben!*
> - *Sie werden ab jetzt Ihr Leben ändern!*
> - *Ich verhelfe Ihnen hier und heute zu einem glücklicheren Leben.*

Ich zweifle daran, dass Menschen sich verändern, wenn man Ihnen die Lösung Ihrer Probleme zuruft.

> - *Mehr Lebensfreude, weniger Gewicht, zufriedenere Mitarbeiter!*
> - *Tun Sie etwas für Ihre Karriere!*

Bei allen bis jetzt genannten Anfängen würde ich innerlich die Arme verschränken und denken: „Na, dann mach doch mal. Da bin ich aber gespannt." Und in diesem Fall ist das nicht positiv gemeint. Soll doch der Redner mal sehen, ob er mich wirklich überzeugt.

Auf den Punkt gebracht

So, wie hier beschrieben, können Sie anfangen, aber dann machen Sie es bitte anders als die anderen – individueller, persönlicher. In manchen Zusammenhängen kann es auch sinnvoll sein, sehr konventionell anzufangen. Aber auch da gibt es gut oder schlecht.

Klassische Anfänge

So fängt jeder an. Deswegen überlegen Sie bei den klassischen Anfängen noch ein zweites Mal, ob dieser Anfang der richtige für Ihre Rede ist. Nicht weil so ein klassischer Anfang schlecht ist, sondern weil jeder so anfängt. Und Aufmerksamkeit bekommt man nur durch Andersartigkeit. Und Individualität kann man nur ausdrücken, indem man nicht dem Mainstream folgt.

Wenn es nicht anders geht und Sie bestehen auf einem klassischen Redeanfang, weil das z. B. in Ihrer Firma alle machen, dann könnten Sie doch mal versuchen, die klassischen Anfänge trotzdem an die zweite oder dritte Stelle Ihrer Rede zu setzen.

Fangen Sie doch mit etwas Spannendem an, etwas Überraschendem. Dann kommt das, was Sie eigentlich am Anfang sagen wollten. Fesseln Sie Ihre Zuschauer vom ersten Augenblick an. Und langweilen Sie sie nicht mit Anfängen, die sie schon das eine oder andere Mal gehört habe.

Natürlich dürfen Sie „Herzlich willkommen" in die Menge rufen, wenn das städtische Schwimmbad nach fünf Jahren Bauzeit zum ersten Mal geöffnet ist. Natürlich dürfen Sie über die Ehre sprechen, die Ihnen mit dieser Rede zuteil wird, weil Sie den Bundespräsidenten vertreten. Und wenn Sie einen Witz machen, der dazu führt, dass alle die Handys ausschalten, dürfen Sie auch das an den Anfang Ihres Vortrags stellen. Wenn Sie sich was einfallen lassen, dann kann sogar ein klassischer Anfang ein guter Anfang sein. Er muss eben nur anders sein. Ein paar Gedanken dazu:

9. Herzlich willkommen

Ein „Herzlich willkommen" als erster Redner ist in Ordnung. Mit einem strahlenden Lächeln und einem ernst gemeinten Unterton, also einer freundlichen Satzmelodie, kann das ein guter Beginn sein. Aber haben Sie die Anwesenden nicht sowieso schon alle begrüßt? Und wenn nicht, sind Sie überhaupt der erste Redner? Hat Ihr Vorgänger nicht alle begrüßt und sie willkommen geheißen?

Wenn Sie das jetzt noch einmal machen, kann das ziemlich anstrengend sein. Eine weitverbreitete Unart ist es, als dritter oder vierter Redner noch einmal „Herzlich willkommen" zu sagen. Variiert durch „Auch von meiner Seite herzlich willkommen" und „Auch ich darf Sie recht herzlich willkommen heißen …" Der Profi macht das nicht.

Dem Profi fällt da auch etwas anderes ein. Und damit meine ich nicht „Guten Morgen", „Guten Tag" oder „Guten Abend". Sympathisch ist zum Beispiel:

- *Schön, dass an einem Dienstagabend so viele Freunde Zeit haben, mit mir zu feiern.*
- *Das gilt jetzt besonders für die Kollegen, die noch nie hier waren. Schön, dass Ihr heute „unser" Hotel kennenlernt.*
- *Ich freue mich über jeden Einzelnen, der heute zu uns gekommen ist.*

Wenn Sie privat Gäste begrüßen, sagen Sie ja auch nicht zu 60 Personen „Herzlich willkommen" mit derselben Satzmelodie, sondern Sie lassen sich möglichst viele Varianten einfallen, um jedem einzelnen Gast das Gefühl zu geben, dass Sie ihn meinen und sonst niemanden.

Wenn der Profi aber mal „Herzlich willkommen" sagt, dann sagt er es mit einem wohldosierten Unterton, einer Mischung aus „Schön, dass Sie da sind!" und „Ich fühle mich wohl".

10. Die Begrüßung

Eine gute Begrüßung ist ganz auf die Veranstaltung zugeschnitten. Die Zuschauer wollen hören, dass der Redner heute bei ihnen ist. Und gerade bei Profi-Rednern, die jeden Tag in einer anderen Stadt sind, wollen sie sicher sein, dass er ihre Stadt, ihren Saal, ihre Firma auch wahrgenommen hat. Statt „Schön, dass Sie da sind!" sollten Sie es so konkret wie möglich machen:

- *Wie schön, dass Sie nach Köln gekommen sind …*
- *Sie sind uns in der Lessingstraße sehr willkommen …*

Statt „Meine Damen und Herren" können Sie das, wenn möglich, auch wieder konkreter machen:

- *Heute sind sie hier: Kunden, Mitarbeiter …*
- *Alle, die heute Abend gekommen sind, bezeichne ich als meine Freunde …*

So klingt das persönlicher. Oder Sie lassen die Begrüßung erst einmal weg. Oder Sie verschieben sie. Wenn man die Stecknadel im Publikum fallen hört, können Sie sich immer noch freuen, wer denn da so alles gekommen ist.

11. Sich vorstellen

Die meisten Redner fangen damit an, sich erst einmal vorzustellen. Obwohl der Redner auf jeder Einladung vorne
drauf steht, obwohl jede E-Mail von ihm unterschrieben
wurde, obwohl hinter ihm über die ganze Bühnenbreite ein
Porträt mit Namenszug leuchtet, sagen die meisten Redner
als Erstes, wer sie sind. Das ist nicht nur überflüssig. Das ist
manchmal sogar ärgerlich.

Wenn Sie trotzdem so anfangen wollen, weil Sie es für
absolut notwendig halten, dann sorgen Sie dafür dass Ihre
Vorstellung ungewöhnlich oder überraschend ist. Sie müssen ja nicht unbedingt mit Ihrem Namen anfangen …

> *Die meisten werden mich kennen. Aber was ich mache,
> wissen die wenigsten.*

Auch mit der Einleitung, dass es unhöflich wäre, sich nicht
vorzustellen, obwohl es eigentlich überflüssig ist, kann ein
interessanter Einstieg gelingen. Oder Sie machen es extrem
kurz. Die Speakerin und Trainerin Margit Hertlein empfiehlt
sich mit einem Dreiklang vorzustellen:

> • *Ich bin zugleich Alfa Romeo Cabriolet, VW-Bus und LKW.*
> • *Speaker, Schauspieler, Trainer. Und außerdem ich bin je-
>   mand, der vieles anders macht.*

Sobald es nicht so klingt wie gewohnt, hören wir hin und
die Aufmerksamkeit ist da.

> • *Ich bin so was wie die Feuerwehr für die Stimmung!*
> • *Mich rufen verzweifelte Firmenchefs an, wenn sie nicht
>   mehr weiterwissen.*

Dann kann sogar eine langweilige Vorstellung für das Publikum richtig unterhaltsam sein.

12. Sich geehrt fühlen

Wenn es wirklich eine Ehre für Sie ist, an diesem Ort zu dieser Stunde zu sprechen, dann sollten Sie das auch sagen. Wenn Sie wirklich überrascht waren, dass man ausgerechnet Sie als Redner ausgewählt hat, sollten Sie das thematisieren. Aber vermeiden Sie wieder die üblichen Formulierungen, die uns nur von der Einfallslosigkeit des Redners erzählen, wie:

- *Ich habe heute die Ehre …*
- *Ich darf Ihnen für die Ehre danken …*

Das können Sie alles viel persönlicher machen.

- *Als Herr Wichtig mich fragte, ob ich heute sprechen will, habe ich mich gefreut …*
- *Dass gerade Sie mich eingeladen haben, ehrt mich …*
- *Du hast mich für diese Rede ausgesucht. Danke.*

Unnötig zu sagen, dass die Freude echt sein muss, die Ehrfurcht ehrlich und der Respekt ernsthaft.

13. Um Erlaubnis fragen

Viele Redner fragen als Erstes um Erlaubnis. Ich weiß nicht, ob das falsche Höflichkeit ist oder ritualisierter Respekt.

Wenn man die Sätze jedoch auf ihren Gehalt untersucht, hört es sich komisch an.

- *Lassen Sie mich kurz …*
- *Ich darf vielleicht am Anfang ganz kurz …*
- *Wenn Sie erlauben …*
- *Geben Sie mir die Möglichkeit …*

Der König fragt nicht überall herum, ob er nun wirklich, tatsächlich auch reden darf. Ist das „Dürfen" echt, weil Sie für den Chef einspringen oder Sie nach langem Betteln Redezeit bekommen haben, dürfen Sie sich natürlich für die Erlaubnis auch bedanken.

- *Es war nicht so einfach, heute hier sprechen zu dürfen …*
- *Ich erlaube mir, heute anders vorzugehen …*

Aber sich einfach mal so auf Verdacht vorzutasten, ob man auch darf, sollte, vielleicht würde … das können Sie ersatzlos streichen.

14. Sich bedanken

Für das Publikum ist eine lange Eloge mit Dank an alle und jeden sehr langweilig und ermüdend. Der Neuling bedankt sich zunächst mal für alles, was ihm Gutes widerfahren ist. Beim Tontechniker für das Aufdrehen des Mikros, beim Redner vor ihm für die netten Worte, beim Veranstalter für die Einladung und bei den Zuschauern, dass sie ihn sprechen lassen. Das klingt dann in etwa und stark verkürzt so:

> *Danke dem Bürgermeister, danke dem Pfarrer und mein besonderer Dank gilt meinem Vorredner und Ihnen, meine Damen und Herren, fürs Kommen.*

Das freut nicht mal die, die erwähnt werden. Wenn es gut werden soll, dann sollte es immer mehr sein, als Danke zu sagen. Bedanken Sie sich mit Formulierungen, die noch kein Redner vor Ihnen verwendet hat.

> • *Er mag es nicht, wenn ich ihn erwähne …*
> • *Ihm sage ich jetzt Danke, damit ich es auf keinen Fall vergesse.*

Am allerschönsten ist so ein Dank, wenn er persönlich ist, wenn er unverwechselbar mit der Person verbunden ist, bei der man sich bedankt. Etwa:

> *Wie oft saßen wir zusammen und haben den heutigen Tag besprochen …*

Es ist wichtig, sich zu bedanken, das steht außer Frage. Aber wieder ist es eine Frage des Zeitpunkts und der Art und Weise. Vielleicht nehmen Sie dazu nicht unbedingt den Anfang und lassen sich einen so individuellen Dank einfallen, dass es auch eine Freude für die Menschen ist, die denjenigem, dem gedankt wird, nicht einmal kennen.

> *Sie hat mit der linken Hand so manche Portion Pommes frites gegessen, während sie mit der rechten Hand Einladungslisten erstellt hat …*

Schon die Tatsache, dass Sie bemerkt haben, dass sie oft das Mittagessen in der Kantine Ihnen zuliebe ausgelassen hat, wird Ihre Assistentin freuen.

15. Ehrengäste

Manchmal können Sie sich nicht aussuchen, ob Sie Gäste begrüßen wollen oder nicht. Manchmal geht es nicht anders. Aber man kann sich beim Bankdirektor auch erst dann fürs Kommen bedanken, wenn man gerade über das Spendenkonto spricht, und bei der besten Ehefrau von allen, wenn man von der Zeit erzählt, die man in das Projekt gesteckt hat. Zwischendurch immer mal wieder Danke zu sagen, ist für den Zuschauer nicht ermüdend, sondern kann sehr anregend sein.

Aber es kann doch Redeformate geben, da müssen die Begrüßungen am Anfang sein? Wenn Sie jetzt wieder was Persönliches, Konkretes, nicht Austauschbares sagen, dann kann so eine Erwähnung der Ehrengäste sogar richtig Spaß machen.

- *Er geht eigentlich nicht gerne auf Veranstaltungen.*
- *Er kommt gerade direkt aus Hamburg, wo er an einem großen Kongress teilgenommen hat …*

Und wenn Sie es ganz besonders gut machen, dann erzählen Sie gleichzeitig auch noch was über sich und die Besonderheit der heutigen Veranstaltung.

Für Sie mag das nicht der wichtigste Punkt des heutigen Abends sein. Für mich ist er es. Ich habe zwei Jahre dafür

> *gekämpft, dass er heute Abend hier ist. Ich habe viel telefo-*
> *niert, meinen ganzen Charme spielen lassen …*

Wenn Sie keinen persönlichen Satz haben, dann sprechen Sie vor der Veranstaltung ein paar Sätze mit Ihrem Ehrengast. Auch ein Satz wie „Er hat mir gerade noch gesagt …" oder „Als er hier hereinkam …" ist ein sehr guter persönlicher Anfang, der eine Information transportiert, die für die Zuschauer interessant sein könnte.

> Bei den Ehrengästen sollten Sie genau auf die Reihenfolge achten. Es gibt nämlich eine genau festgelegte protokollarische Reihenfolge für offizielle Anlässe, die ich ohne Grund nicht durchbrechen würde.

16. Sich freuen

Wenn das keine Floskel ist, dann freuen Sie sich, dass so viele Menschen gekommen sind. Sie müssen ja nicht eine Formulierung verwenden, die jeder an dieser Stelle verwendet wie „Ich freue mich, dass Sie so zahlreich erschienen sind …".

Und es gibt auch Begrüßungen, die nicht mehr so ganz zeitgemäß sind: „Ich freue mich, dass Sie den Weg hierher gefunden haben." Was soll denn ein solcher Satz im Zeitalter von Navigationssystemen? Das wirkt lächerlich. Das Navi sagt uns sogar die Straßenseite. Nehmen Sie doch einfach einen Satz, den man noch nicht so oft gehört hat. Wir freuen uns doch alle ganz unterschiedlich und benutzen völlig andere Formulierungen. Nehmen wir einmal an, es sind wirklich viel mehr Zuschauer gekommen, als Sie ursprünglich gedacht haben. Und das freut Sie!

- *Glauben Sie mir, von hier oben sind es noch mehr Zuschauer. Mit so viel Interesse habe ich gar nicht gerechnet.*
- *Gut, dass wir noch Stühle dazugestellt haben. Wie schön, dass Sie alle da sind.*

Solange die Formulierung, mit der Sie Ihre Freude ausdrücken, nicht austauschbar ist, ist alles in Ordnung.

17. Eine fremde Sprache

Eine fremde Sprache einzubauen ist für die Zuschauer, die diese Sprache sprechen, immer ein Geschenk. Es ist eine Frage der Wertschätzung. In verschiedenen Sprachen zu begrüßen, ist ein wunderbarer Anfang, auch wenn er klassisch ist.

- *Buongiorno, good morning, buenos dias! Eigentlich müsste ich Sie in acht verschiedenen Sprachen begrüßen, denn so viele Nationen sind heute hier.*
- *Mesdames, Messieurs, bienvenue! Einen Willkommensgruß, der von Herzen kommt, an unsere französischen Gäste.*

Ich habe mir sagen lassen, dass ein Vortrag in China deutlich besser ankommt, wenn man etwas in Kantonesisch oder in Mandarin sagt. Und zwar egal, wie gut man das wirklich kann.

Auf den Punkt gebracht

So fängt man eben an, wenn man im Rhetorikkurs war. Dagegen ist nichts einzuwenden. Es kommt einfach darauf an, was für ein Ziel Sie haben. Sprechen Sie freiwillig? Wollen Sie, dass man von Ihnen redet? Werden Sie für jeden Vortrag bezahlt? Dann denken Sie darüber nach, ob Sie die klassischen Regeln nicht einfach so lange abwandeln, bis etwas Neues, Einzigartiges daraus entsteht.

Inhaltliche Anfänge

Die meisten Redner fangen mit dem Inhalt an, wenn sie denn mal anfangen. Sie kommen auf das Thema zu sprechen. Sie sagen, worum es geht. Aber meist erst dann, wenn man begrüßt, gedankt, eingeführt, sich geehrt gefühlt, sich die Erlaubnis geholt und sich gefreut hat.

Meine Empfehlung ist es, gleich in das Thema zu springen. Eine Urlaubserzählung beginnen Sie auch nicht beim Kofferpacken, sondern immer da, wo es spannend wird. Zum Beispiel mit dem Zwei-Meter-Hai am Strand oder wie Ihr Koffer am Flughafen nicht verladen wurde.

18. Eine eigene Geschichte

Dass eine Geschichte eine tolle Möglichkeit ist, Aufmerksamkeit zu bekommen, ist wohl klar. Meine Empfehlung ist jetzt, ohne Vorrede gleich damit anzufangen.

> *Stellen Sie sich drei junge Männer vor. Mit genügend Geld von zu Hause in der Tasche und dem unbedingten Willen, etwas zu erleben …*

Oder wenn Sie ein Produkt oder ein Projekt vorstellen:

> *Ich werde den Moment nie vergessen, in dem mir die Idee kam, dass wir möglicherweise ganz neue Wege beschreiten sollten …*

So eine selbst erlebte Geschichte hat einen weiteren Vorteil: So ein Anfang ist nicht schwer. Sie haben die Geschichte ja erlebt oder erlitten, und es ist einfach, davon zu erzählen.

19. Eine fremde Geschichte

Das Internet ist voll von Geschichten. Wenn Sie in sozialen Netzwerken unterwegs sind, werden Sie damit bestens versorgt. Und wenn Ihnen eine Geschichte richtig gut gefällt, macht es auch nichts, wenn sie der eine oder andere kennt. Wie diesen Witz zum Beispiel:

> *In München hat neulich ein Kaufhaus für Ehemänner eröffnet. Am Eingang hängt eine Anleitung, die die Regeln erklärt, nach denen hier eingekauft werden kann: Es gibt sechs Stockwerke mit Männern, deren Eigenschaften von Stock zu Stock besser werden. Sie können weiter hoch, aber Sie können nicht zurück auf ein niedrigeres Stockwerk gehen …*

Aber sparen Sie sich den Sultan im fernen Arabien, der mit seinen drei Eseln … Das geht moderner. Wenn Sie eine gute Tageszeitung lesen, müssen Sie nur ein bisschen sammeln, bis Sie eine richtig gute Geschichte finden, die genau zu Ihrem Thema passt.

> *Ein syrischer Arzt kommt in eine deutsche Apotheke und verlangt …*

Bitte keine Geschichten von Steve Jobs und Richard Branson. Auch nicht von Kodak oder von Google. Die kann bis auf Weiteres niemand mehr hören. (Es sei denn, Ihre Geschichte ist brandneu!)

> Sie können auch mit einer bekannten Geschichte anfangen. Aber dann muss es kurz und knackig sein. Keine Einleitung, keine Spannungsdramaturgie, keine Chronologie: „Warum gewinnt in der Geschichte von Hase und Igel immer der Igel? Die Antwort ist einfach …"

20. Ein erfundenes Märchen

Sie ahnen jetzt, dass es mit „Es war einmal" beginnen muss, und dann kann es ganz modern und heutig weitergehen. Auch das ist eine einfache Möglichkeit, einen für alle klaren Sachverhalt so zu verändern, dass man Ihnen wieder zuhört.

- *Es war einmal ein kleines Smartphone, das niemand kaufen wollte. Und die Menschen, die es hergestellt hatten, waren darüber ziemlich traurig …*
- *Es waren einmal drei Männer im besten Alter. Die waren auf der Suche nach Zerstreuung. Also machten sie sich auf die Reise…*

Etwas schwieriger ist es dann schon, ein bekanntes Märchen umzuschreiben und Ihrem Redeanlass anzupassen.

- *Die Frage ist, wer ist hier der Wolf und wer sind die sieben Geißlein …?*
- *Rotkäppchen sieht bei uns ein bisschen anders aus …*

Märchen sind bei allen Menschen so bekannt, dass wir alle sofort Bilder davon im Kopf haben. Ohne viel erklären zu müssen, ist völlig klar, worum es jetzt geht.

Für den Geburtstag einer Freundin habe ich ihr mal ein Märchen geschrieben, in dem eine Fee ihr anbietet, die Zeit zurückzudrehen. Die Frage war, in welches Alter sie wollte. Die Pointe war natürlich, dass sie genau so alt bleiben wollte, wie sie gerade geworden war.

21. Ein Blick hinter die Kulissen

Neudeutsch würde man sagen: Liefern Sie ein paar Hintergrundinformationen. Sagen Sie Ihren Zuschauern, was sie nicht wissen können. Lassen Sie sie an der Entstehung Ihres Vortrages teilhaben.

> *Am Gelingen des heutigen Tages haben 14 Menschen über ein ganzes Jahr gearbeitet. Wir haben nichts dem Zufall überlassen und uns sehr, sehr oft getroffen. Die Anzahl der Tassen Kaffee liegt im vierstelligen Bereich. Wir wollten die besten Experten zum Thema heute hier haben. Und das ist uns auch gelungen.*

Manchmal kann es auch sein, dass kurz vorher noch etwas passiert ist, das einen sehr spannenden Einstieg ergibt.

> *Heute Morgen um 9 Uhr bekam ich einen Anruf von der Feuerwehr, dass diese Veranstaltung auf keinen Fall so stattfinden kann, wie wir sie geplant hatten …*

Für diese Einleitung haben Sie natürlich keine lange Vorbereitung. Denn Sie können Wochen vorher nicht wissen, was am Tag der Veranstaltung geschehen wird, aber das sind ja alles nur Beispiele. Und ich ändere meinen Anfang oft noch Minuten vor der Rede. Solange ich bei mir und meinen persönlichen Gedanken und Erlebnissen bleibe, ist das nicht schwer.

> *Es war am Nachmittag eines langen Strategiemeetings. Wir waren müde und es war nichts herausgekommen. Und dann kam Titus auf die Idee, eine Kreativtechnik einzusetzen, von der er aber nur gehört hatte. Eine halbe Stunde später überboten wir uns gegenseitig mit Einfällen.*

Dieser kleine Blick hinter die Kulissen, den keiner der Zuschauer tun kann, ist etwas sehr Spannendes. Meist stehen Fachleute auf der Bühne, egal ob Fachleute für das Seelenleben des Geburtstagskindes oder Fachleute für das Produkt oder die Dienstleistung, um die es geht. Und wenn diese Fachleute aus dem Nähkästchen plaudern, ist das ein ziemlich guter Anfang.

22. Ein Statement abgeben

Fangen Sie doch mal damit an, einfach etwas zu behaupten. Definieren Sie! Stellen Sie eine klare Forderung auf. Aber so eine Definition am Anfang ist natürlich nur dann ein guter Aufhänger, wenn sie provoziert, wenn sie unerwartet oder dem Publikum gänzlich unbekannt ist.

> *Gute Kommunikation ist für mich nicht das Trainieren der richtigen Sätze und das Befolgen von Regeln. Gute Kommunikation ist für mich so individuell wie die Menschen, die an ihr beteiligt sind.*

Ein solcher Anfang ist kein Gesprächsangebot und enthält eine gewisse Schärfe, aber mir fallen eine Menge Situationen ein, in denen genau diese Schärfe angebracht ist.

- *Ein Schulfest mitten in der Woche ist mit mir nicht zu machen.*
- *Auf eine Lohnerhöhung von 2 % kann ich auch verzichten.*
- *Und ich sage das ganz deutlich. Gerade wegen gestern. Einen besseren Preisträger als ihn hätten wir nicht finden können.*

Solche Anfänge haben den ungeheuren Vorteil, dass sie uns ganz schnell zum Thema bringen. Der Zuschauer oder Zuhörer hat das Gefühl von großer Dynamik.

23. Eine (wissenschaftliche) Erkenntnis

Wenn Sie nicht gerade die Gallup-Studie nehmen (nicht weil sie schlecht wäre, sondern weil die jeder nimmt), können Sie mit jeder wissenschaftlichen Erkenntnis Neugier wecken und die Aufmerksamkeit erhöhen.

Das Durchschnittsalter aller Menschen weltweit betrug 1950 23 Jahre, im Jahre 2005 waren es schon 28 Jahre. Man kann also sagen, dass unser Geburtstagskind schon älter ist als der Durchschnitt.

Je mehr die Untersuchung mit dem Thema zu tun hat, desto besser. Die Untersuchung muss auch nicht unbedingt wissenschaftlich sein.

> *Wir haben 500 Sekretärinnen befragt, was sie am meisten ärgert, stört oder an Ihrer Arbeit hindert. Was glauben Sie, haben die geantwortet? Nein, es ist nicht mangelnde Wertschätzung durch den Chef …*

Eine schöne Sammlung von Zeitungsausschnitten aus der Wissenschaftsseite kann für Profiredner eine sehr gute Fundgrube sein – und der Aufwand lohnt sich auf jeden Fall. Auch wenn Sie Bücher lesen, dann schreiben Sie auf, was Sie anregt. Nur Wissen, das Sie für sich festhalten, lässt sich nutzbar machen.

24. Etwas Ungewöhnliches

Der Gedächtnistrainer Markus Hofmann sagt am Anfang seiner Vorträge sinngemäß oft Folgendes:

> *Sie werden am Ende meines Vortrages sehr begeistert sein. Und zwar nicht von mir, das könnte auch sein, nein, Sie werden von sich selbst begeistert sein.*

Die Wahrscheinlichkeit, dass Ihr Interesse geweckt wird, ist verhältnismäßig hoch. Meine Vorträge beginne ich oft mit folgendem Gedanken:

> *Eigentlich bin ich hier falsch. Ich bringe Menschen nichts bei. Sie lernen bei mir nichts, was sie nicht schön können. Mir geht es eher ums Weglassen.*

Solange das Publikum aufhorcht, weil es damit nicht gerechnet hat, ist alles erlaubt. Nur ein wackelnder Stuhl fällt auf. Wenn der Stuhl, auf dem Sie sitzen, nicht wackelt, werden

Sie ihn am nächsten Tag unter Hunderten von Stühlen nicht wiederfinden.

Sagen Sie etwas, das ungewöhnlich ist, und Ihre Zuschauer werden sich auch Tage später an Sie erinnern. Durchforsten Sie Ihr Thema auf einen Sachverhalt, bei dem die meisten Menschen das Gegenteil vermuten würden. Daraus lässt sich ein toller Anfang machen.

25. Ein Geheimnis lüften

Dass ein Geheimnis Spannung erzeugt, ist klar. Fangen Sie doch einfach damit an.

> *Können Sie sich vorstellen, dass jemand wie ich vor dem heutigen Abend richtig Angst hatte? Angst vor Ihnen, Angst vor der aufwendigen Technik. Angst davor zu versagen.*

Ich weiß, dass viele Trainer empfehlen, nicht mit etwas Negativem anzufangen. Aber für mich ist die Überwindung einer Angst nichts Negatives. Solange Sie da vorne nicht larmoyant und weinerlich sind, gibt es keinen Grund, darüber nicht zu sprechen. Das Zugeben eigener Ängste wirkt sympathisch. Und gerade dadurch zeigen Sie Stärke.

> *Meine Damen und Herren, das ist heute mein letzter Tag. Der letzte Tag in diesem Projekt und der letzte Tag in dieser Abteilung. Glücklicherweise nicht der letzte Tag in dieser Firma.*

Wenn damit niemand gerechnet hat, ist das ein ziemlich starker Anfang. Auch wenn Sie in der Firma keine weitere

Zukunft hätten, würde ich meine Abschiedsrede so beginnen. Erst klare Verhältnisse und während alle möglicherweise geschockt oder verblüfft sind, können Sie erklären und Ihrem Publikum helfen, mit der Situation zurechtzukommen.

26. Rhetorische Fragen

Rhetorische Fragen sind ein sehr altes und bei den alten Griechen schon ein wenig überstrapaziertes sprachliches Mittel. Das liegt möglicherweise daran, dass diese Redefigur jeder sofort verstanden hat und die Anwendung kinderleicht ist. Und die richtige Frage ist in jedem Fall aktivierend, weil jeder an einer Antwort arbeitet. Auch dann, wenn er nicht dazu kommt, die Antwort zu geben.

- *Wir wissen alle, was unser Jubilar gemacht hätte, wenn wir heute nicht feiern würden, oder?*
- *Haben wir uns nicht oft gefragt, ob wir mit der neuen Strategie richtig liegen?*

Während eines Vortrags stelle ich oft Fragen, auf die ich während des Vortrags eine Antwort möchte. Aber nicht gleich am Anfang. Die Zuschauer müssen erst Vertrauen bekommen. Sie müssen erst lernen, dass ihnen nichts passiert, wenn sie sich melden. Denn es gibt immer noch viele Redner, die ihr Publikum reinlegen, vorführen und ihm beweisen, dass es im Gegensatz zum Redner keine Ahnung hat. Aber rhetorische Fragen am Anfang sind kein Problem.

- *Mal ehrlich, sind Sie gerne hier?*
- *Was glauben Sie, warum wir Sie heute eingeladen haben?*

Ich stelle außerdem oft Fragen, die keine rhetorischen Fragen sind, sondern echte Fragen.

- *Was tun Sie, wenn Sie sich ärgern?*
- *Was ist das häufigste Thema am Abendbrottisch?*

Aber meine Antwort kommt so schnell, dass die Zuschauer erst gar nicht dazu kommen zu antworten. Und das tue ich, um das Tempo nicht zu verschleppen. Wenn am Anfang erst mal jeder Zuschauer was sagt, sinkt die Spannungskurve auf den Nullpunkt. Manchmal muss es weitergehen, ohne dass ich auf Antworten lange warten kann.

Außerdem kann ich die Antworten nicht kontrollieren. Wenn ich eine Antwort bekomme, mit der jeder rechnet, wird es langweilig. Wenn ich Antworten bekomme, mit denen ich nicht gerechnet habe, dann stottere ich im schlimmsten Falle herum und alles, was danach kommt, wird deutlich schwieriger.

27. Etwas vorlesen

Freie Rede und vorlesen? Ja, das passt durchaus zusammen. Es geht nicht um Ihren Redetext (den sollten Sie kennen). Aber vielleicht haben Sie etwas gefunden, in einem Buch, einer Zeitschrift, einer Unternehmensbroschüre, möglicherweise sogar kurzfristig. Und da Sie das nicht auswendig können, lesen Sie es einfach ab.

Ich habe hier gerade in der Zeitung von heute eine schöne Schlagzeile gefunden, die genau das ausdrückt …

Ich habe auf einem großen Kongress wenige Stunden vor meinem Auftritt in der Mitgliederzeitschrift der einladenden Organisation geblättert. Dort habe ich einen sehr komplizierten Satz mit vielen Substantiven, Rückbezügen in schon fast karikierender Fachsprache gefunden. Den habe ich zu Beginn vorgelesen und meine Rede damit angefangen. Das war genau das Thema: Außerhalb der Organisation werden deren Mitglieder nicht mehr richtig verstanden.

Oder ich habe am Anfang mal die sehr „verdichtete" Beschreibung des Unternehmens vorgelesen, für das ich sprechen sollte.

> *Wir erbringen als Steuer- und Unternehmensberater Prüfungs- und Beratungsdienstleistungen und bieten unseren Klienten Lösungen bei standard-, aber auch projektbezogenen Aufgabenstellungen durch ein interdisziplinär arbeitendes Team*

Gerade wenn es kompliziert wird mit Titeln, Fachausdrücken und Berufsbezeichnungen, wenn es darauf ankommt, sehr genau zu sein: Lesen Sie einfach ab. Und wenn Sie das gleich am Anfang tun, ist eine der größten Klippen Ihres Vortrags schon geschafft.

28. In die Zukunft blicken

Nach den Regeln vieler Redner wäre der Blick in die Zukunft das Ende des Vortrags. Und gerade deswegen wäre es so spannend, wenn Sie damit beginnen.

> *In 20 Jahren werden Mitarbeiter nicht mehr nach Firmen suchen, sondern Firmen werden um jeden einzelnen Mitarbeiter kämpfen.*

Das klappt auch, wenn Ihre Zukunftsvision zum größten Teil Spekulation ist. Solange Sie die Aufmerksamkeit bekommen, ist alles in Ordnung.

> • *Die Bank der Zukunft, so wie ich sie mir vorstelle, liegt immer noch im Zentrum einer Stadt. Es arbeiten auch Menschen in dieser Filiale. Aber alle technischen Abläufe werden Maschinen erledigen. Kontoauszugsdrucker wird es nicht mehr geben …*
>
> • *Wenn wir uns hier in zwei Jahren wieder treffen, dann wird ein Thema uns ganz sicher vor allen anderen beschäftigen …*

Egal, ob positiv oder negativ, das Nachdenken über die Zukunft beschäftigt uns alle und sorgt für Aufmerksamkeit. Sie müssen kein Zukunftsforscher sein, um damit eine Menge Aufmerksamkeit zu erzeugen.

Auf den Punkt gebracht

Anfänge, die direkt zum Thema führen, sind dort geeignet, wo die Zuschauer sehr sachorientiert sind. Man erwartet von Ihnen, dass Sie schnell zur Sache kommen, ohne vorher über die warmen Sommertemperaturen philosophiert zu haben. Techniker, Naturwissenschaftler, Kaufleute, sie alle erwarten, dass Sie die Zeit nutzen, um vor allen Dingen zum Thema zu sprechen.

Sprachspielerische Anfänge

29. Eine Metapher

Ein schönes sprachliches Bild ist etwas sehr Effektives. Vor allem, wenn es sich als Thema durch die ganze Rede ziehen kann. So eine Metapher verhilft zu neuen Sichtweisen und zeigt, wie man auch oft gehörten Themen einen neuen Dreh geben kann.

> *Er ist nicht das Fähnchen im Wind, sondern das Windrad in der Nordsee, das die ganze Abteilung mit Energie versorgt.*

Ich habe mal einen Abteilungsleiter erlebt, der ein großer Fan von „Raumschiff Enterprise" war. Und das Thema seiner Rede war, dass die eigene Abteilung nicht etwa im Maschinenraum arbeitet, sondern bei Captain Kirk auf der Kommandobrücke. Das war sehr anschaulich.

> - *Auf unserem Ideenfriedhof gibt es heute noch eine weitere Beerdigung.*
> - *Legen wir die rosarote Brille doch einfach mal weg.*
> - *Über die Brücke gehe ich nicht, über diese Kreuzung fahre ich nicht, auf dieses Schiff …*
> - *Wenn der Leser sich durch Bleiwüsten kämpfen muss, dürfen wir uns nicht wundern, wenn er irgendwann aufgibt.*

> Vorsicht! Bitte nicht immer alles rund um Segelschiffe als Metapher verwenden! Kein Prospekt über Finanzprodukte ohne Schiffe, kein Chef, der nicht die Flaute benutzt, um die Mannschaft zusammenzuschweißen, und kein Menschenfänger, der nicht am liebsten bei Gegenwind segelt. Auch die Metapher der Bergsteigergruppe würde ich noch einmal überdenken …

30. Ein Vergleich

Auch ein Vergleich ist eine ganz einfache Möglichkeit, zu einem wirkungsvollen Anfang zu kommen. Robert Spengler, ein Rhetorik- und Kommunikationstrainer, macht das so: „Dein Auftritt muss wirken wie ein Espresso: stark, intensiv, aromatisch."

Der Chef einer großen deutschen Bank war der dritte Redner beim Führungskräftemeeting. Er langweilte sich bei seinen Vorrednern zu Tode und sein Blick schweifte immer wieder über die ausgedehnten Rasenflächen des Seminarhauses. Dann fing er endlich an: „Ist nicht Management eigentlich wie Rasenmähen. Mir kam gerade der Gedanke, dass …"

Solche Vergleiche sind sehr einfach zu finden. Und wenn der Vergleich die ganze Rede durchzieht, können dadurch eine Menge schöner Bilder entstehen.

31. Ein Slogan oder Spruch

Wenn Sie einen Slogan oder Spruch als Einstieg verwenden, muss es keiner sein, der der Nachwelt überliefert wird. Der Spruch muss keinen doppelten Boden haben oder ein geschliffenes Wortspiel enthalten, aber die meisten Menschen, die Vorträge halten, haben ein Motto. Bei mir ist es: „Werden Sie so, wie Sie sind!"

Auch Firmen haben Werbesprüche, die einen tollen Anfang für eine Rede ergeben.

- *Jeder Mensch hat etwas, das ihn antreibt.*
- *GSA – alles, was ein Redner braucht!*

Aber Sie können solche flotten Sprüche, Slogans oder Bonmots selbst zu Ihrem Thema erfinden.

- *Egal wann, egal wo, egal wohin – Hauptsache mit uns!*
- *Als der Charme verteilt wurde, hat er dreimal „Hier" gerufen.*

So ein Spruch kann ruhig auch ein bisschen länger sein. Wichtig ist, dass er schlagwortartig klärt, worum es Ihnen heute geht:

Projekte kommen und gehen. Wenn etwas von Bestand sein soll, dann dürfen Sie aber nicht gehen, wenn es kommt.

Anregend wirkt so ein Spruch am Anfang vor allem dann, wenn er eine gewisse Leichtigkeit hat. Weisheiten, die man den Zuschauern mit vielen Betonungen in die Köpfe hämmert, sind dagegen eher anstrengend.

32. Ein Reim

Ich weiß, dass Reime oft altbacken wirken, so ein bisschen wie aus der Zeit gefallen. Aber nicht, wenn sie gut sind. Ein schlechter Reim ist etwas zum Fremdschämen. Es sei denn, er ist witzig gemeint. Aber Sie können aus einem verhältnismäßig einfachen Sachverhalt mit einem guten Reim einen tollen Spruch machen.

- *Und auf einmal wird dir klar, dass es doch so einfach war.*
- *Was lernen wir daraus? – Eh es anfängt, ist es aus.*
- *A case is a case. Two cases is trace.*

Mit dem letzten Spruch begann mal ein wunderbarer Vortrag des Pressesprechers einer großen Versicherung, der damit klarmachen wollte, dass in einem bestimmten Bereich mit dem Unternehmen etwas nicht stimmt.

Für den Bereich der privaten Reden darf es dann auch gerne ein bisschen alberner sein. Aber natürlich nur, wenn Ihnen das liegt.

- *Das kann jetzt an mir liegen, dass wir noch kein Bier kriegen.*
- *Mit Kai waren wir drei.*
- *Nie mit wilden Damen zanken, sondern für die Zahmen danken.*

Wenn Sie selbst reimen, achten Sie darauf, dass das nicht so wirklich gut passende Wort immer das erste ist. Dann fällt der schlechte Reim nicht so auf.

- *Bis du auch noch ganz satt wach? Dann komm nach Mönchengladbach.*
- *Von Honolulu bis nach Birma. Wozu gibt es sonst die Firma?*
- *Beim Klettern nimm gar viel in Kauf – wenn du fällst, dann stehst du auf.*

Moderner wird es, wenn Sie anfangen zu rappen. Ich habe mal erlebt, wie ein Profi-Rapper eine Veranstaltung inhaltlich in Reimen zusammengefasst hat. Einfach toll. Reimen kann ziemlich modern sein.

33. Ein Wortspiel

Alles, was witzig, provokativ oder überraschend ist, ist erlaubt. Sie wollen die Aufmerksamkeit vom ersten Wort an. Wie kann das besser gehen als mit einem Begriff oder Zitat, das es so noch nicht gegeben hat.

- *Wie sollen wir füreinander einstehen, wenn wir einander nicht ausstehen können?*
- *Ein Flipchart mit leeren Filzstiften ist ein Flopchart.*

Eine einfache Möglichkeit, Wörter zu erfinden, sind Wörter mit doppelter Bedeutung.

- *Herzrasen kann man nicht mähen!*
- *Wenn Sie „Team" so schreiben wie man es spricht, dann steckt da „I am" drin.*

Wenn Ihnen nichts einfällt, genügt wieder eine kurze Recherche in den unendlichen Weiten des Internets. Sie werden erstaunt sein, was man alles findet, übersichtlich nach Themen sortiert.

34. Ein Fantasiebegriff

Sie suchen zunächst nach Begriffen, die mit Ihrem Thema zu tun haben, und versuchen, diese Wörter ein wenig abzuändern, sodass ein Begriff entsteht, den es bisher nicht gibt.

- *Ich bin Powerpointologe!*
- *Pia ist einfach unkaputtbar.*
- *Der erste vierrädrige Raumgleiter …*
- *Programmieren Sie einen Meditationsmanager …*
- *Versicherung war gestern. Heute heißt das Fairsicherung.*

Ein Lexikon der Synonyme kann hier gut weiterhelfen, Worte oder Wortteile zu einem neuen Hauptwort zu verbinden, die noch nie verbunden worden sind. Oder man findet ähnlich klingende Wörter, die man austauschen kann.

Kennen Sie diese Vegeterroristen? Nein? – Ich meine nicht die Vegeleidigten.

Zwei Beispiele von einer internationalen Speakerconvention:

- *Are we people or sheeple?*
- *Do you know what a nearling is? (www.nearling.com)*

So ein Begriff ist nicht einfach zu finden. Aber nehmen Sie mal einen Zettel und einen Stift mit ins Fitnessstudio oder zum Joggen. Auch lange Autofahrten eignen sich hervorragend, mal zu überlegen, ob man nicht ein neues Wort schöpfen kann.

35. Sprichwörter und Zitate

Sprichwörter oder Zitate zu verwenden ist jetzt nicht sehr innovativ. Das gebe ich zu. Und ich würde Ihnen in einem meiner Kurse nie erlauben, mit einem Sprichwort zu beginnen. Besonders wenn es von Shaw, Churchill oder Lincoln ist. Aber es gibt noch so viele gute Zitate, die Ihnen einen guten Einstieg ermöglichen. Ich sammle seit 30 Jahren …

- *Wenn Sie glauben, alles unter Kontrolle zu haben, dann fahren Sie einfach noch nicht schnell genug. (Mario Andretti, amerikanischer Rennfahrer)*
- *Handeln ist das Gegengift für Verzweiflung. (Joan Baez)*
- *Mein Tod wird euch die Augen öffnen. (Margit Hertlein)*

Aber vielleicht kennen Sie einen coolen Satz. Oder Sie zitieren Ihre Mutter oder eine Kollegin, die etwas sehr Kluges oder sehr Merkenswertes gesagt hat. Meine Schauspiellehrerin Ruth v. Zerboni hat z. B. immer gesagt: „Beim Sitzen ist der Po die Füße." Den Satz werde ich nie vergessen, weil er so schön eingängig ist.

Vermeiden Sie aber Formulierungen wie:

- *Ein kluger Mann hat einmal gesagt, …*
- *Wie sagte doch Cicero …*

Das Zitat und dann die Nennung des Autors reichen. Im Falle von Margit Hertlein können Sie noch hinzufügen, dass sie Speakerin ist. Aber für lange Einleitungen und Erklärungen ist selten Zeit.

36. Veränderte Sprichwörter und Zitate

Noch besser wäre es natürlich, wenn Sie den berühmten Satz so abändern, dass wir wieder hinhören. Da kann der Satz ruhig sehr bekannt sein.

- *Gelegenheit macht Liebe.*
- *Was lange gärt, wird endlich Wut.*

Wo die bekannten Sätze herkommen, ist völlig egal. Das können Werbesprüche sein oder uralte Sprichwörter. Wichtig ist, dass man den zugrunde liegenden Spruch noch erkennt. Sonst haben wir deutlich weniger Spaß.

- *Ach wie gut, dass niemand weiß, dass Eva …*
- *Nur wer die Arbeit kennt, weiß was ich meide.*
- *Glauben Sie ja nicht, wen Sie vor sich haben …*

Das klappt genauso gut bei einem Vortrag in der Firma.

- *Der klügere Chef gibt nach.*
- *Hinter jedem erfolgreichen Produkt steht ein überraschter Entwickler …*
- *Wir haben den Goldklumpen im Heu gefunden.*

Und mit ein wenig Kreativität sitzt dort der erste Lacher.

Hier ist verändern, abschreiben, sich inspirieren lassen durchaus erlaubt. Sie müssen das Rad nicht neu erfinden, aber Sie sollten kreativ sein.

37. Werbesprüche

Besonders leicht fällt das Zitieren von Sätzen und Sprüchen aus der Werbung. Wenn die Werbung aktuell ist, genügt nur eine kurze Andeutung und alle lächeln, weil sie verstehen.

- *Wir machen den Weg frei! – Und das meinen wir ganz ernst.*
- *Unser Motto: Nichts ist unmöglich.*
- *Unsere Marketingabteilung – einfach clever.*

Es macht aber noch deutlich mehr Spaß, wenn der Werbespruch ein bisschen verändert wird und an den Vortrag oder die Veranstaltung angepasst wird.

- *Kommen Sie rein, und Sie wollen nie wieder raus.*
- *Social Media – dann klappt's auch mit dem Kunden!*
- *Jetzt kommt die wahrscheinlich kürzeste Rede der Welt.*

Sie sehen, dass das Interessante die Verpackung ist. Dass die Rede möglicherweise kürzer ist, ist keine Pointe. Aber wenn man sie mit einem veränderten Werbeslogan einleitet, könnte das für einen Schmunzler sorgen.

38. Die Nachrichten

Ihr Vortrag könnte auch wie eine Nachrichtensendung losgehen. Ein einleitender Satz macht sofort allen klar, wo wir
jetzt sind:

> • *Hamburg. Für die heute stattfindende Geburtstagsfeier im
>   Hause Rossié laufen die Vorbereitungen auf Hochtouren.*
> • *Viersen. Am Niederrhein wird getagt. 62 Führungskräfte
>   treffen sich heute …*

Es kann auch um etwas gehen, das man gerne hören würde,
aber das wohl niemand sagt, weil die momentane Situation
deutlich anders ist.

> *Castrop-Rauxel. Nach anfänglichen Schwierigkeiten blickt
> die Super AG auf ein sehr erfolgreiches Geschäftsjahr zu-
> rück. Vorstand Dr. Macht betonte, dass die gemeinsamen
> Anstrengungen … Solche Nachrichten werden Sie dieses
> Jahr in keinem Radio hören. Denn es sieht alles andere als
> gut aus.*

Für einen sehr guten Freund habe ich mal eine Rede zum
Geburtstag angefangen, indem ich einen fiktiven Tageszei-
tungsartikel zu seinem Geburtstag vorgelesen habe.

39. Telegrammstil

Gerade wenn die Geschichte länger ist, kann der Tele-
grammstil helfen, rasch auf den Punkt zu kommen. Sie
beschleunigen die Geschichte ungemein, und das ist gerade
am Anfang der direkte Weg zur Aufmerksamkeit der Zu-

schauer. Die entscheiden in den ersten Minuten, ob sie nicht doch lieber in Gedanken den Amazonas herunterfahren.

> *Samstagnacht. Kurz nach 22 Uhr. Ich sehe im Lehrerzimmer noch Licht. Wen treffe ich? Gudrun. Sie räumt auf. Seit Stunden. Ihr Kommentar: Das kann ja übers Wochenende nicht so bleiben.*

Oder ein Beispiel zur Einführung eines neuen Produkts:

> *Montag 23. Januar. Wir hatten Schweißperlen auf der Stirn. Der 18. Versuch. Wieder nichts. Der Mechanismus versagte. Und dann hatten wir die entscheidende Idee.*

So eine kurze, drängende Einführung erhöht in jedem Fall die Spannung. Jedes neue Konzept hat eine Entstehungsgeschichte. Aber auch einen Preisträger hat man irgendwann entdeckt, und von einer Idee hat man zu einer ganz bestimmten Uhrzeit gehört.

40. Eine Scherzfrage

Ob Sie die Scherzfrage nur benutzen, um einen Lacher zu bekommen oder damit Sie gleich bei Ihrem Thema sind, überlasse ich Ihnen.

> * *Warum wurde er ausgerechnet in Köln geboren? – Nun, seine Mutter wollte ihn in ihrer Nähe haben.*
> * *Wie viele von Ihnen haben Schreibmaschine gelernt? Das interessiert mich eigentlich gar nicht. Aber das ist ein guter Einstieg.*

Hier können Sie die Fähigkeit, mit dem 10-Finger-System auf der Tastatur zu schreiben, durch alles Mögliche ersetzen, und der Witz funktioniert trotzdem.

> *Kennen Sie diesen Blick, wenn Frauen zeigen, dass sie Lust auf Sex haben? – Ich auch nicht. (Drew Carey)*

Auch hier werden Sie schnell eine Umformulierung finden, die zu dem passt, was Sie zu sagen haben. Sehen Sie sich einfach mal ein paar Scherzfragen an. Mit ein bisschen Kreativität, sind da eine Menge Pointen drin, die in Zukunft Ihnen gehören. Und das Publikum an der Nase herumzuführen, ist doch schon mal ein guter Anfang. Da gibt es noch mehr Möglichkeiten. Nehmen wir mal an, Ihre Firma stellt Kühlschränke her:

> *Wissen Sie, wie der perfekte Kühlschrank aussieht? – Sehen Sie, das habe ich mir gedacht. Und deswegen bauen wir ihn bis jetzt ja auch noch nicht.*

! Sie müssen für diese Art von Witz schon eine gewisse Ader haben. Wenn Sie jetzt nur müde grinsen, dann streichen Sie die Technik „Scherzfragen" einfach aus Ihrem Repertoire. Nur was zu Ihnen passt, bringt Ihnen Sympathien bei Ihren Zuschauern. Sie finden in diesem Buch mindestens 99 andere Möglichkeiten.

Auf den Punkt gebracht

Wenn Sprache für Sie nur Mittel zum Zweck ist, dann fühlen Sie sich durch diese Beispiele wahrscheinlich nicht angesprochen. Aber Menschen, die reden, sind oft sehr verliebt in das Verständigungsmittel, das sie gewählt haben. Einem intellektuellen oder akademischen Publikum können Sie mit intelligenten Sprachspielereien neue Einsichten ermöglichen und sie auf ganz andere Ideen bringen.

Persönliche Anfänge

41. Den Ort thematisieren

Ein Anfang, der bei jeder Rede funktioniert, hat viele Vorteile. Eines wird er aber nie erreichen: Die Zuschauer werden nie das Gefühl bekommen, dass sie gemeint sind. Gerade bei Vortragsrednern ist es aber wichtig, den Zuschauern dieses Gefühl zu geben. Die einfachste Möglichkeit ist es, den Ort und/oder die Zeit der Rede in den Anfang einzubauen. So habe ich mal im Norden Deutschlands angefangen:

> *Auch in München gibt es viele Fahrräder. Aber so viele Fahrräder wie in Oldenburg gibt es nicht. Ich hätte heute Nachmittag beinahe zwei Unfälle verursacht. Und beide Male …*

Sammeln Sie einfach, was Sie hören und was Sie sehen. Wenn es irgendwie geht, mache ich einen Spaziergang in der Umgebung des Veranstaltungsortes und sauge alles auf, was ich verwenden könnte.

> • *Wissen Sie, worum es an unserem Tisch beim Mittagessen ging?*
> • *Schräg hier vor der Halle steht ein Aufsteller einer Versicherung. Darauf steht „Rufen Sie uns bitte gerne an!". Also rufen Sie auf keinen Fall an, wenn Sie es nicht wirklich gerne tun.*

Jeder, der nach dem Vortrag an diesem Aufsteller vorbeigeht, wird schmunzeln und an Sie denken.

Aber auch Pfefferminzbonbons auf den Plätzen, eine nette Dame an der Rezeption, ein flinkes Technikteam und eine bestens ausgestattete Garderobe können Material für einen guten Anfang liefern.

In der Kleiststadt Frankfurt/Oder habe ich mit einem Zitat angefangen, was ich dort auf dem Fenster der Stadtbücherei gefunden habe.

> *„Nirgends kann man den Grad der Kultur einer Stadt und überhaupt den Geist ihres herrschenden Geschmacks schneller und doch zugleich richtiger kennenlernen als in den Lesebibliotheken". Heinrich von Kleist. – Ich bin gerade vorbeigegangen. Es war rappelvoll.*

Anfänge, die die Rede mit dem Ort oder der Zeit des Vortrags verbinden, benutze ich manchmal noch vor dem Anfang, den ich mir überlegt habe. Denn solche Anfänge wirken am besten, wenn sie sich auf etwas beziehen, das eben erst passiert ist.

42. Den Tag thematisieren

Wieder geht es darum zu vermitteln, dass der Vortrag nicht austauschbar ist. Ein Satz zur Tagespolitik (der natürlich zum Thema passen muss) ist eine Woche später nicht zu gebrauchen. Da die Zuschauer dasselbe gelesen haben wie Sie, entsteht sofort Nähe.

> *In den letzten Wochen vor der Wahl haben Sie so viele Re-*
> *den und Diskussionsrunden gehört, dass Sie es wahrschein-*
> *lich satt haben. Aber eines war sehr interessant …*

Es muss natürlich nicht die Politik sein. Ich habe mal an ei-
nem Dienstag einen Vortrag vor Frauen gehalten. Und am
Mittwoch kam die erste Folge einer Serie, die von vielen
Frauen gesehen wird.

> *Bin ich froh, dass heute nicht Mittwoch ist. Sonst wäre nur*
> *die Hälfte von Ihnen da. Oder? Was ist morgen? – Richtig.*
> *Morgen beginnt …*

Nach diesem Vortrag bekam ich dann allerdings eine ärgerli-
che Mail eines Arztes, der sich nicht ernst genommen fühlte.
Der sieht solche Serien nicht und mag auch Menschen nicht,
die solche Serien sehen. Für ihn hatte ich den falschen Einstieg erwischt.

Wenn Deutschland gerade Europameister geworden ist,
wenn ein wichtiger Mensch am selben Tag gestorben ist
oder die Sommerzeit auf Winterzeit umgestellt wurde, können Sie das erwähnen.

43. Ein persönlicher Gedanke

So, wie es sinnvoll sein kann, die Gedanken der Zuschauer
anzusprechen, so kann es auch sinnvoll sein, die eigenen
Gedanken zu äußern.

> *Ich habe lange überlegt, wie ich anfangen soll. Wie soll ich*
> *Ihnen erklären, wie wichtig dieses Projekt für unsere Firma*
> *ist und wie …*

Wenn Sie offenbaren, was Sie bei der Vorbereitung oder jetzt über die Welt oder die Zuschauer oder Ihr Thema denken, ist das eine wunderbare Brücke zu Ihren Zuschauern.

> *Wenn ich heute einen Vortrag höre oder eine Fernsehsendung sehe, in der es um Zukunft geht, da weiß ich immer schon, was kommt: Demografie, Changemanagement, Social Media … die volle Packung. Ist das wirklich wichtig?*

Die Wahrscheinlichkeit, dass Ihre Zuschauer sich in Ihren eigenen Gedanken wiedererkennen, ist sehr hoch. Besonders, wenn Sie Schwierigkeiten erwarten, kann ein solcher Anfang sehr empfehlenswert sein.

> - *Wissen Sie, dass Sie als ein richtig schwieriges Publikum gelten?*
> - *Als ich die Rede vorbereitet habe, habe ich gedacht: Die werden wahrscheinlich denken …*

So ein Anfang erfordert sicher eine gehörige Portion Selbstbewusstsein, aber er hätte eine starke Wirkung. Sie könnten Ihr Publikum von der ersten Minute an für sich gewinnen, indem Sie einfach aussprechen, was Ihnen gerade durch den Kopf geht.

44. Ein Gefühl

Es ist auch sehr mutig, mit einem eigenen Gefühl zu beginnen, aber es ist der leichteste Anfang, den man sich vorstellen kann. Das Gefühl ist ja ohnehin da. Welches Gefühl haben Sie denn? Freude wäre gut, Stolz auch oder Zufriedenheit. Aber es geht auch Skepsis oder Zweifel, es geht Unsicherheit genauso wie mangelndes Selbstbewusstsein.

> *Mir fehlt ein bisschen der Mut, so anzufangen, wie ich sonst anfange …*

Wenn Sie jetzt – wie viele meiner Seminarteilnehmer – denken, dass Sie als Redner ja nicht wichtig sind, sondern das Thema, dann widerspreche ich heftig. Wenn ich Sie sympathisch finde, bin ich auch eher bereit, mich mit Ihrem Thema zu beschäftigen, auch wenn ich anderer Meinung bin. Sie selbst sind sehr entscheidend für den Erfolg einer Rede. Warum nicht mit Ihrem eigenen Gefühl anfangen. Eine Kultusministerin fing Ihre Rede auf einem Lehrertag mal so an:

> *Als meine Freunde mich fragten, wo ich denn heute hingehe, und ich sagte, ich gehe zum Lehrertag nach Vorort, da staunten die. „Was? Da traust du dich hin?" – „Ja", habe ich gesagt, „da traue ich mich hin. Wenn wir über die Probleme nicht reden …"*

Die Zuhörer waren über die Offenheit sehr verblüfft und man hätte eine Stecknadel fallen hören können.

Oder manchmal werde ich nicht als Sprechtrainer angekündigt, sondern als Sprachtrainer.

> *Ja, da habe ich gerade einen kleinen Schreck bekommen. Wenn ich tatsächlich ein Sprachtrainer wäre, dann würden wir jetzt Englisch üben.*

Oder vielleicht übertreibt der örtliche Bankdirektor seine Ankündigung auch ein ganz klein wenig und lobt den Redner ein bisschen zu sehr.

> *Nach so einer Ankündigung weiß ich gar nicht, wie ich anfangen soll. Danke schön!*

Manchmal stelle ich noch Minuten vor meinem Vortrag ein sehr persönliches Gefühl vor den ersten Gedanken meiner Rede.

45. Die eigene Anwesenheit begründen

Diesen Tipp habe ich bei Thomas Skipwith in „Der Wurm muss dem Fisch schmecken" gefunden: Sprechen Sie darüber, warum Sie der Richtige sind, zu diesem Thema zu sprechen. Sehr oft erledigt das der Gastgeber oder Moderator. Wenn er das nicht tut, kann es sinnvoll sein, das selbst zu tun.

> - *Wieso spreche ich über dieses Thema? Weil ich bereits seit zehn Jahren in der Forschungsgruppe Robotik arbeite.*
> - *Es war heute viel von Sicherheit im Flugverkehr die Rede. Ich saß schon in einem Flugzeug, das abzustürzen drohte. Mit 169 Passagieren an Bord.*
> - *Ich bin eben aus Tibet gekommen.*

Das klappt natürlich auch bei einem privaten Event.

> - *Sie werden sich wundern, warum ausgerechnet der Ex-Freund der Braut jetzt das Mikrofon in die Hand nimmt.*
> - *Thomas hat sich von mir eine kleine Rede gewünscht.*

Das muss nichts mit Angeben oder Egozentrik zu tun haben. Ich habe als Schauspieler, der über Kommunikation redet, oft die Gelegenheit genutzt, aus dieser Spannung einen Anfang zu entwickeln.

> *Jetzt kommt der Schauspieler. Ich weiß, was Ihnen durch den Kopf geht: Was soll das denn? Aber es ist ganz anders, als Sie denken. Ich werde Ihnen jetzt nicht erklären, wie Sie schauspielern, sondern exakt das Gegenteil. Ich zeige Ihnen, wie sinnlos es ist, wenn Sie im Alltag den Laienschauspieler machen.*

Manchmal ist der Beruf erklärungsbedürftig, manchmal die Herkunft, manchmal das Alter oder die (fehlende) Ausbildung. Es kann sehr spannend sein, zuerst mal zu erklären, warum man hier heute eingeladen wurde und welchen Bezug man genau zum Thema hat.

Zuschauer sind einfach ganz anders dabei, wenn sie wissen, dass der Redner die Umfrage selbst gemacht, die Länder wirklich gesehen und Jahrzehnte in einem bestimmten Beruf gearbeitet hat. Wenn sie dem Redner eine hohe Kompetenz zuschreiben, hören sie lieber zu.

46. Witze über sich machen

Die meisten Komiker machen sich zum Narren und bringen uns damit zum Lachen. Auch ein Redner kann die Tatsache nutzen, dass Zuschauer jemanden sympathischer finden, der sich nicht so ganz ernst nimmt:

> *Sie mögen denken, dass die letzte Rede des heutigen Tages den Höhepunkt darstellt. Aber ganz ehrlich: Ich wurde ausgelost. Es wollte niemand die Abschlussrede halten.*

Da darf keinerlei Selbstmitleid durchkommen. In diesem Fall darf also nicht wirklich gelost worden sein.

> *Kann man Nein sagen, wenn Ute einen bittet? Kann man sagen, dass man weder witzig noch unterhaltsam ist? Kann man sagen, dass man nicht weiß, was man sagen soll? Nein, wenn Ute einen bittet, eine kleine Rede zu halten, dann sagt man zu und macht sich erst hinterher Gedanken, wie man das überlebt.*

Da die Geschichte ja gleichzeitig von Ute handelt, ist der Übergang hier jetzt kinderleicht. Der Speaker und Experte für Körpersprache Stefan Verra macht sich in vielen seiner Vorträge zu Anfang über seine eigene geringe Körpergröße lustig. Er lässt sich von einem Off-Sprecher sehr blumig ankündigen, und dann betritt er die Bühne und sagt:

> *Jetzt hörst du: zehntausende Menschen, Universitätsdozent … und dann siehst du den, und dann denkst du dir: Was? Der? Das kann's jetzt nicht sein, oder? – Und genau das ist Körpersprache!*

Die Zuschauer amüsieren sich köstlich.

47. Dialekt

Sie müssen den Dialekt richtig können. Imitieren zählt nicht. Aber wenn Sie den Zuschauern zeigen, dass Sie so sprechen wie sie, dann ist das eben auch eine besondere Form der Wertschätzung.

> • *Passen Se uff, isch erklär Ihne s annem Beispiel …*

- *Grüß Gott miteinand …*
- *Juten Abend!*
- *Nabend zesammen!*

In den meisten Fällen haben Sie die Zuschauer auf Ihrer Seite, wenn Sie zeigen, dass Sie Interesse an Ihnen haben. Und vor allem natürlich, wenn Sie tatsächlich einer der ihren sind.

Vorsicht mit Dialekten, die Sie nicht von Kindesbeinen an sprechen. Bei einem „Moin, moin" oder einem „Grüezi" verzeiht Ihnen jeder, wenn es unnatürlich klingt und es klar ist, dass Sie das Wort zum ersten Mal in Ihrem Leben verwenden. Ausgedehntere Ausflüge in Dialekte, mit denen Sie nicht aufgewachsen sind, empfehle ich Ihnen nicht. Wenn man sich mal lächerlich gemacht hat, ist es schwer, bei der anschließenden Rede wieder ernst genommen zu werden.

Es erstaunt mich immer wieder, wie Menschen strahlen, weil man aus derselben Gegend kommt wie sie, aus derselben Stadt oder Menschen kennt, die sie auch kennen. Ja, schon das Lesen derselben Zeitung kann ein Gefühl der Verbundenheit schaffen. Und das kann für einen Redner sehr nützlich sein.

Auf den Punkt gebracht

Persönliche Anfänge eignen sich immer dann, wenn Sie wichtig sind. Also zum Beispiel, weil Sie prominent sind, der gefragte Fachmann oder der Entscheidungsträger. Und ein persönlicher Anfang eignet sich sehr gut für Menschen mit wenig Erfahrung auf der Bühne. Es gibt nichts Einfacheres, als über die eigenen Gedanken und Gefühle zu sprechen. Dazu braucht man nur Mut.

Zuschauerbezogene Anfänge

Stellen Sie doch am Anfang mal Ihre Zuschauer in den Mittelpunkt. Bei sehr vielen Reden ist das Publikum das eigentliche Zentrum der Veranstaltung, weil es bezahlt hat oder weil es überzeugt werden muss.

48. Sympathie zeigen

Dieser Tipp stammt aus dem spannenden Buch von Matthias Nöllke „Starke Worte – einfach eine gute Rede halten". Er empfiehlt uns, dem Publikum zu zeigen, dass wir es mögen. Denn Sympathie ist in der Regel ein Gefühl, das auf Gegenseitigkeit beruht.

- *Ich habe mich auf Sie gefreut. Denn das, worüber ich sprechen werde, ist genau …*
- *Von mir aus könnte dieser Tag noch viel, viel länger dauern. Denn ich fühle mich sehr wohl bei Ihnen.*

Aber wie bei so vielen Tipps in diesem Buch kommt es wieder darauf an, dass es konkret ist. Nur zu sagen, dass Ihr Publikum das beste Publikum ist, das Sie je hatten, wird nur ein müdes Lächeln erzeugen. Etwa wenn Sie sagen: „So ein tolles Publikum an einer so tollen Location mit so tollem Essen und in toller Stimmung …"

Ganz besonders schlimm wird es, wenn Sie an dieser Stelle in die Zukunft blicken: „Und ich bin mir sicher, dass Sie ganz toll mitmachen, wenn …"

Dann lassen Sie es lieber. Denn stimmen muss es ja auch. Wenn Sie das Publikum nicht kennen oder wenn Ihnen die Zuschauer nicht richtig sympathisch sind, dann nehmen Sie einen der anderen Anfänge.

49. Abholen

Das „Abholen" ist nach meiner persönlichen Erfahrung eine der wirkungsvollsten Möglichkeiten, eine Rede zu beginnen. Stellen Sie sich mal vor, Sie sitzen selbst im Publikum und der Mann oder die Frau da vorne errät Ihre Gedanken. Das beeindruckt Sie sicher.

> *Sicher haben Sie sich schon gefragt, wann denn jetzt die langweilige Geburtstagsrede kommt. Sie kommt nicht. Ich habe mir etwas viel Besseres überlegt …*

Außerdem zeigt es, dass Sie sich vorbereitet haben. Sie haben sich in die Gedankenwelt Ihrer Zuhörer versetzt. Und dafür gibt es Anerkennung. Ein Rhetorikseminar für Schulleiter habe ich mal so begonnen:

> *Eines kann ich Ihnen jetzt schon versprechen: Sie werden keine PowerPoint-Präsentation zu sehen bekommen und Sie müssen auch keine bunten Zettel an Pinnwände heften.*

Dafür gab es donnernden Applaus. Auch wenn die Veranstaltung verspätet beginnt, die Klimaanlage ausgefallen ist oder noch die Faschings- oder Karnevalsdekoration an der Decke hängt: Sobald Sie das Gefühl haben, dass Ihr Publikum einen Gedanken gleich am Anfang oder schon vor Beginn der Veranstaltung hat, sprechen Sie das Publikum auf diesen Gedanken an. Eine große Gruppe von Berufsschülern habe ich mal so begrüßt:

> *Meine Herren. Wir haben ein großes Problem! Sie sitzen nicht freiwillig hier!*

Das war ein großer Lacher und das Eis war gebrochen, kurz nachdem ich angefangen hatte.

50. Sätze der Zielgruppe

Nehmen wir an, Sie fangen mit Sätzen und Bemerkungen Ihrer Zuschauer an, die diese sehr gut kennen und die Ihren Zuschauern erzählen, dass Sie als Redner bestens auf dem Laufenden sind.

> *Schon wieder eine Umstrukturierung. Wir sind immer die Dummen. Sollten die da oben doch mal anfangen …*

Solche Sätze kann man vorher schon sammeln. Oder man hört den Flurfunk ab. Oder man fragt einfach ein paar zukünftige Zuschauer, was sie erwarten. Ich habe vor fast jeder Rede ein ausführliches Gespräch mit dem Veranstalter. Und ich frage jedes Mal, was den Menschen, zu denen ich spreche, gerade im Kopf herumgeht.

> *Sie werden jetzt denken: Ich weiß, was kommt. Jetzt wird er wieder sagen, dass dieses Jahr das beste Produkt aller Zeiten herauskommt. Wir drehen das dieses Jahr mal um …*

Je genauer Sie treffen, was die anderen gesagt oder gedacht haben, desto beeindruckender ist der Effekt.

Noch einen Vorteil hat so ein Anfang. Auch wenn Sie schauspielerisch überhaupt nicht begabt sind, wird es Ihnen leichtfallen, den Satz mit der richtigen Melodie zu wiederholen. Wörtliche Rede ist auch für einen ungeübten Sprecher sehr leicht zu imitieren.

51. Größtes Problem der Zuhörer

Die Anlässe für Reden sind unterschiedlich. Aber sehr oft gibt es ein gemeinsames Problem. Das Warten auf ein neues Produkt, ein geliebter Mensch ist gestorben, oder die Zuhörer haben ganz konkrete Anliegen. Die können ziemlich banal sein:

> *Um es vorwegzunehmen. Ich werde meine Redezeit einhalten. Um Punkt 16.30 Uhr werde ich schließen und Sie können direkt in Ihr Wochenende starten.*

Solange die Gedanken Ihrer Zuhörer um etwas anderes kreisen, werden sie Ihnen nicht wirklich zuhören. Sprechen Sie erst darüber, was Ihr Publikum bewegt.

> *Sie haben Angst! Angst, dass Ihr Grundstück morgen nichts mehr wert sein wird.*

Wenn Sie das größte Problem Ihrer Zuhörer ans Ende schieben, dann müssen Sie es zumindest ankündigen.

> *Ich werde diesen Raum nicht verlassen ohne Ihnen eine Lösung präsentiert zu haben, von der Sie nie geglaubt hätten, dass es sie gibt.*

Sonst müssen Sie mit Störungen und mangelnder Konzentration während Ihres Vortrages rechnen.

52. Gemeinsamkeiten betonen

Aus der Verkaufspsychologie wissen wir, dass Ähnlichkeit mit dem Kunden den Verkaufserfolg deutlich erhöht. Auch in einer Rede gehört das Betonen von Ähnlichkeiten zu den besten Ideen für einen guten Anfang.

> *Auch mir machen unsere Umsätze schwer zu schaffen. Glauben Sie nicht, dass es im Moment einfach ist, erhobenen Hauptes in ein Führungskräftemeeting zu gehen!*

Wenn Sie ehrlich, klar und direkt sind, ist die Wahrscheinlichkeit groß, dass Sie die Befindlichkeit Ihrer Zuschauer treffen.

> *Ich fand, das war wirklich ein tolles Mittagessen. Besonders beim Schokoladenkuchen konnte ich mehrfach nicht widerstehen. Und eigentlich hätten wir uns ja alle einen Mittagsschlaf verdient, oder?*

Die Gemeinsamkeiten muss es aber wirklich geben. Sich anzubiedern führt nicht zu einer erhöhten Aufmerksamkeit.

Behaupten Sie nicht, dass wir uns alle ganz köstlich amüsiert haben, wenn es dafür keine deutlichen Zeichen gibt. Das bringt Ihre Zuhörer dazu, das Gegenteil zu behaupten. Es genügt, wenn Sie sagen, wie es Ihnen persönlich erging. Sie haben sich amüsiert, Sie fanden es toll. Jetzt fragt sich jeder, wie er es denn selbst erlebt hat, und die meisten werden Ihnen wahrscheinlich zustimmen.

Auf den Punkt gebracht

Zuschauerbezogene Anfänge verwenden Sie, wenn Sie Ihre Zielgruppe sehr gut kennen, die Geburtstagsgäste zum Beispiel oder Ihre Mitarbeiter. Sie präsentieren sich als einer der ihren und das macht Sie sympathisch und nahbar. So wird es viel leichter, sich mit einem schwierigen Thema zu beschäftigen und andere Menschen zu überzeugen.

Anlassbezogene Anfänge

Ist ein Anfang, der sich auf den Inhalt bezieht, nicht automatisch ein anlassbezogener Anfang? Nicht unbedingt. Es kann sein, dass mehrere Redner auftreten oder einfach eingeladen wurden, ohne dass jeder eine Tagesordnung oder etwas Ähnliches gesehen hat. Da muss am Anfang dann etwas geklärt werden. Aber auch das muss kurz und auf den Punkt sein.

53. Den Anlass erklären

Wenn der Vater der Braut eine Ansprache hält, muss er keine Erklärung geben, warum er das tut. Und wenn auf einem Yoga-Kongress der europäische Yoga-Experte auftritt, bedarf das auch keiner Begründung. Oft ist aber der Zusammenhang zwischen genau diesem Redner auf dieser Veranstaltung nicht immer klar ersichtlich.

- *Muss jetzt der Bruder auch noch was sagen. Nein, er muss nicht. Er will. Er will sehr gerne. Denn er hat etwas zu sagen ...*
- *Viele von Euch denken jetzt, es ginge heute um meinen Geburtstag ...*

In einer Firma könnte das bei einer Veranstaltung so klingen:

Eigentlich wollten wir heute feiern und uns die Reden verkneifen. Aber an diese Verabredung werde ich mich jetzt nicht halten. Ich muss was sagen, ich muss was loswerden ...

54. Etwas Technisches

Am besten wäre es, die technischen Einzelheiten, die für die Zuschauer wichtig sind, einem anderen Medium zu überlassen. Beispielsweise einem Flipchart, einer Folie, einem Aushang oder einem Moderator. Wenn das nicht geht, dann lassen Sie sich was einfallen, damit Sie aus der Not eine Tugend machen können.

> *Haben Sie Ihr Handy eigentlich dabei? Vielleicht wollen Sie ja danach twittern, wie Sie es fanden. – Ach, bei der Gelegenheit: Denken Sie daran, es nachher wieder einzuschalten. Sie haben es ja sicher ausgeschaltet.*

Manchmal ist es notwendig, ein paar Dinge zu klären, bevor die Veranstaltung beginnt.

> - *Sie brauchen gar nicht in Ihren Unterlagen zu blättern. Zu meinem Vortrag gibt es keine Folien zum Nachlesen. Ich weiß nicht mal genau, was ich Ihnen gleich erzählen werde. Denn ich gehe anders vor.*
> - *Das hier ist keine Moderationskarte …*

Einen Vorteil hat das Klären technischer Details am Anfang auf jeden Fall: Sie brauchen sich davon während Ihrer Rede nicht mehr unterbrechen lassen.

Andererseits gibt es nach meiner Erfahrung viele Veranstaltungen, bei denen unendlich viel zu klären ist. Machen Sie nicht den Fehler, anzufangen mit der Bemerkung: „Bevor wir loslegen, …" Der Anfang ist der Anfang.

55. Bezug zum Vortragstitel

Eine Geburtstagsfeier oder Weihnachtsfeier hat meist keinen
Titel. Aber die meisten anderen Veranstaltungen schon.
Und ich verbringe in der Vorbereitung viel Zeit mit dem
Veranstalter, einen Titel für meinen Vortrag zu finden, der
neugierig auf meinen Inhalt macht und der zum Thema der
Tagung passt. Für den Veranstalter sollte das alles aus einem
Guss sein.

> *Nach der Lehr-Welt und der Lern-Welt kommt jetzt die Kom-*
> *munikations-Welt …*

Möglicherweise geht es auch darum, eine Rede inhaltlich
unter einem Oberbegriff einzuordnen.

> *Ihr Unternehmen ist aus zwei Teilen geformt worden. Mit*
> *jeweils eigenen Kulturen, eigener Struktur und eigener Stra-*
> *tegie. Jetzt kommt es darauf an, wie Sie miteinander umge-*
> *hen. Wenn es heute „Change 3.0" heißt, dann …*

Oft ist der Titel ja auch provozierend oder er klingt einfach
nur gut. Und es bedarf einiger Erklärung, worum es in dem
Vortrag jetzt wirklich geht.

> • *Was hat jetzt Kommunikation mit dem Verkaufen von*
>   *Holzfußböden zu tun? Zunächst mal gar nichts.*
> • *Bei Streit ist es am besten, man hat keinen.*

Eine Führungskräftetagung, die unter dem Motto „Take off"
stand, habe ich angefangen, indem ich mich als Chefsteward
vorgestellt habe.

Herzlich willkommen, mein Name ist Michael Rossié. Ich bin Ihr Purser auf dem Flug 2016 in die Zukunft. Bitte packen Sie alle Ihre schlechten Gedanken unter den Sitz des Vordermannes und …

Verzichten Sie darauf, den Vortragstitel zu nennen, wenn er hinter Ihnen eingeblendet wird. Ihre Zuhörer können selbst lesen.

56. Eingehen auf den Vorredner

Auf einem großen Assistentinnen-Kongress trat einmal Christine Weiner vor mir auf und hielt einen wunderbaren Vortrag über die verschiedenen Chef-Typen, denen Sie Tiernamen gab. Ich fing dann ungefähr so an:

Wissen Sie, meine Damen, was das Problem ist? Nicht nur Sie teilen Ihre Chefs in bestimmte Typen ein. Nein, das tun die Chefs auch. Da gibt es die Eichhörnchen-Sekretärin, den Vorzimmer-Gorilla …

Die ersten zehn Minuten habe ich mein Thema aus dem Vortrag von Frau Weiner entwickelt. Das war authentisch, ihr guter Vortrag glänzte zu mir herüber, und diesen Anfang konnte ich nicht vorbereitet haben.

Wenn mein Vorredner nach mir dran gewesen wäre, hätte ich ganz sicher gesagt: Gut, dass der nicht vor mir dran ist. Jetzt war er aber vor mir dran, und das ist jetzt nicht ganz so einfach. Wie komme ich jetzt von den leichten Wellen

> *der Unterhaltung zu den tiefsten Tiefen der menschlichen Kommunikation?*

Ich habe ganz selten einen Vortrag gehalten, in dem ich meinen Moderator, Gastgeber oder Vorredner nicht wenigstens mit einem Satz erwähne, vorausgesetzt, er ist nett zu mir. Ich schreibe seinen Namen schon während seiner Rede auf einen vorbereiten Zettel, um ihn nicht zu vergessen.

> Das Beeindruckende daran ist, dass Sie das nicht vorbereitet haben können. Alles, was Sie sagen, gehört nur zum heutigen Tag. Und das mögen die Zuschauer.

57. Bedeutung des Tages

Bei Feiern oder Festen ist es einfach, über die Bedeutung des Tages zu sprechen. Genauso bei jährlichen Veranstaltungen, die Tradition haben und über einen langen Zeitraum immer wieder stattfinden.

Auch die erste Veranstaltung einer geplanten Reihe und die letzte Veranstaltung eignen sich wunderbar, um gleich zu Anfang auf diesen speziellen Tag einzugehen.

> - *Der heutige Tag ist ein Versuch, ein Anfang, eine Initiative …*
> - *Für einen Familienvater ist das wohl heute der wichtigste Tag …*

Und natürlich kann der Tag der Rede auch dadurch Bedeutung gewinnen, dass der Redner genau an diesem Tag auf der Bühne steht. Vielleicht wird sich ab heute etwas ändern, vielleicht wird der heutige Tag ein ganz wichtiger Tag in der Geschichte einer Organisation oder Firma.

- *In diesem Raum waren noch nie so viele Menschen wie heute …*
- *Wenn Sie sich heute entscheiden, etwas Neues auszuprobieren, dann können …*

Und vielleicht werden Sie Ihre Zuhörer gleich bitten, ab jetzt etwas in ihrem Leben anders zu machen. Und dann kann der heutige Tag im Nachhinein ein sehr wichtiger Tag werden.

Die Lektüre der Tageszeitung, das Ansehen der Frühnachrichten oder ein paar Minuten Surfen im Internet am Tag der Rede gehört also zu Ihren Aufgaben. Es ist viel zu gefährlich, z. B. auf ein toll gelöstes gesellschaftliches Problem hinzuweisen, das aber gerade gestern Nacht eskaliert ist. Oder vielleicht ist das große Vorbild, das Sie in Ihrer Rede zitieren, gerade gestorben oder wurde in Handschellen ins Gericht gebracht. Lachen Sie nicht, das ist alles schon passiert.

58. Letztes Jahr

Ausnahme ist die erste Veranstaltung einer Reihe. Da können Sie nur darüber reden, dass es diese Veranstaltung letztes Jahr um diese Zeit noch nicht gab und warum es sie vielleicht im nächsten Jahr wieder geben wird.

Ansonsten gibt es immer ein Vorher, eine Vorgängerveran-
staltung im letzten Monat, Jahr, Jahrzehnt. Daran kann man
jederzeit erinnern oder darauf Bezug nehmen.

> • *Ich kann gar nicht glauben, dass schon wieder ein Jahr*
> *vorbei ist. Der Ort ist ein anderer, aber obwohl sich so*
> *unglaublich viel getan hat …*
> • *Als ich letztes Jahr hier stand, habe ich mich deutlich*
> *anders gefühlt. Ich war unter großer Spannung und hatte*
> *überhaupt noch keine Erfahrung, wie …*

Besonders leicht gelingt das natürlich, wenn es eine gute
Erinnerung ist.

> *Drei Stichworte müssen reichen: Bowling, Keller, Champa-*
> *gner. Und wer von Ihnen jetzt lacht, der ist dabei gewesen.*
> *Für alle anderen lohnt es sich, später am Abend mal jeman-*
> *den zu fragen, was da im letzten Jahr so alles passiert ist …*

Sie müssen ja nicht lang und breit thematisieren, wie schnell
die Zeit vergeht und wie wir alle dauernd älter werden. Aber
gute Emotionen hervorzurufen ist eine erstklassige Vorbereitung auf das, was Sie sagen wollen. Denn jedes Lächeln
über damals gehört jetzt Ihnen. Sie waren schließlich der
Auslöser für das gute Gefühl.

Auf den Punkt gebracht

Nicht jeder Redeanlass ist eine Feier, ein Jubiläum oder ein Jahrestreffen. Aber wenn das Treffen für die Teilnehmer eine große Bedeutung hat, dann ist das der Weg in die Herzen oder Köpfe der Zuschauer. Stellen Sie den Anlass in den Mittelpunkt Ihres Anfangs, wenn die Zuschauer den Tag der Rede in den Mittelpunkt ihres Monats oder Jahres stellen.

Aktivierende Anfänge

59. Abstimmen lassen

Im Gegensatz zu den rhetorischen Fragen sind echte Fragen an das gesamte Publikum immer eine gute Möglichkeit für einen Anfang. Sie können ja wirklich Ihr Publikum mal etwas fragen. Sie müssen nur die Antwort für Ihre Rede verwenden.

- *Wer ist der Meinung, dass dieses Treffen schon im letzten Jahr hätte stattfinden sollen?*
- *Wer rechnet jetzt damit, dass wir über Umsatz sprechen?*
- *Wer glaubt, Antwort A ist richtig?*

Am schönsten wäre es, wenn das Ergebnis der Abstimmung nicht die richtige Lösung ist. Denn dann wären alle hellwach.

Der amerikanische Psychologieprofessor Daniel Gilbert und einige andere lassen uns bei ihren Vorträgen über Entscheidungen ganz viele Entscheidungen live während des Vortrags treffen:

- *Gibt es in Oxford mehr Hunde oder mehr Schweine?*
- *Wo ist die Säuglingssterblichkeit höher, in …*
- *Werden wir in der Zukunft mehr Menschen sein, genau so viel wie heute oder nimmt die Weltbevölkerung ab?*

Anschließend beweisen sie uns, dass die meisten von uns getroffenen Entscheidungen schlicht falsch sind oder auf falschen Voraussetzungen beruhen. Dann erklären Sie uns, warum. Solche Anfänge sind außerordentlich anregend, weil keiner von uns gerne Fehler macht.

> Bitte keine Fragen, wer in Zukunft glücklicher sein will oder wer schon mal eine schwierige Situation erlebt hat. Das geht allen auf die Nerven. Auch wenn Sie z. B. mit der Antwort auf die Frage „Wer hat Kinder?" anschließend nichts machen, ärgern sich die Zuschauer. Besonders, die, die schon häufiger auf solchen Veranstaltungen waren.

60. Eine Schätzfrage

Eine Variante der Abstimmung ist es, eine Schätzfrage zu stellen. Fragen Sie Ihr Publikum zu irgendeiner Zahl, die für oder gegen die These spricht, die Sie gleich aufstellen werden.

- *Was glauben Sie: Wie viel Prozent …?*
- *Wie viele Menschen sind wir heute hier?*

Jeder wird nachdenken, und Ihr Publikum ist geistig sofort aktiviert. Aber Sie können natürlich auch jede wissenschaftliche Erkenntnis in eine Schätzfrage für Ihr Publikum verwandeln.

61. Publikumsbefragung

Das muss nicht nach wissenschaftlichen Regeln geschehen.
Aber Sie können vor Ihrem Vortrag Meinungen einholen,
Zuschauer fragen, Mitarbeiter anmailen.

- *Ich bin eben mal so herumgegangen. Was glauben Sie …?*
- *Wie viele haben auf meine Mail wohl geantwortet?*

Wenn es Anlass und die Sitzanordnung zulassen, können Sie
auch ein paar Menschen zu Beginn fragen.

- *Warum sind Sie heute gekommen?*
- *Wie oft waren Sie schon hier?*

Sie können ein Stimmungsbild einholen und damit Ihre Zuschauer sehr gut abholen. Die Wahrscheinlichkeit, dass die
restlichen Zuschauer sich in den vorgestellten Antworten
wiederfinden, ist groß.

62. Ein Zahlenspiel

Nun ist es einfacher gesagt als getan, ein Zahlenspiel zu erfinden. Aber im 21. Jahrhundert können wir im Internet fast
alles finden. Und Sie können jede Zahl für Ihre Zuschauer in
einen ungewöhnlichen Zusammenhang stellen und damit
plastischer machen.

- *Wussten Sie, dass auf der Erde genauso viele Hühner wie
  Menschen leben?*

- *Wenn man aus dem Kern der Sonne ein stecknadelkopf-großes Stück entnehmen würde, so würde dieses Stück in einem Umkreis von 100 km alles verbrennen.*
- *99 % aller Lebensformen, die je auf der Erde gelebt haben, sind ausgelöscht.*
- *In einer Handvoll Erde leben mehr Lebewesen als Menschen auf der Erde.*

Diese Liste könnte ich jetzt unendlich erweitern. Aber natürlich können Sie auch selbst solche Zahlenspiele erfinden oder entwickeln.

- *Wenn unser Jubilar für jedes Mal, wenn er jemandem geholfen hat, eine Münze bekommen hätte …*
- *Nehmen wir an, nur ein Prozent unserer Produkte würde drei Jahre länger halten …*

Solche Zahlenspiele sind schnell gefunden und können für Menschen, die mit dem Thema nicht so vertraut sind, überraschende Erkenntnisse liefern.

63. Eine Übung

Es wäre ein sehr überraschender Einstieg, mal mit einer Übung anzufangen. Lassen Sie die Zuschauer am Anfang etwas machen, etwas ausprobieren. Geben Sie Ihnen was zu tun. Der Mentalist und Speaker Thorsten Havener macht manchmal in seinen Vorträgen ziemlich am Anfang eine kleine Übung.

> *Verschränken Sie mal Ihre beiden Hände ineinander. Welcher*
> *Daumen ist oben? Und jetzt wechseln Sie mal! Fühlt sich*
> *unangenehm an, oder?*

Bei einem feierlichen Festakt ist das der falsche Anfang. Aber bei vielen Veranstaltungen könnte es doch damit losgehen, dass die Zuschauer etwas tun. Und wenn es nur imaginär ist.

> • *Schließen Sie die Augen. Stellen Sie sich vor, Sie sitzen am*
>   *Meer. Ein leichter Wind weht …*
> • *Konzentrieren Sie sich mal auf die Spirale hier vorne auf*
>   *meiner Folie …*

Professionelle Redner suchen gezielt nach Übungen und Möglichkeiten, ihr Publikum aktiv sein zu lassen. Gerade während langer Veranstaltungen eine willkommene Abwechslung. Warum nicht einfach mal so anfangen?

> An den Anfang gehören nur ganz kurze und einfache Übungen. Die Zuschauer vertrauen Ihnen noch nicht. Sie als Redner müssen normalerweise erst etwas liefern, bevor das Publikum bereit ist, aufzustehen oder möglicherweise den Nebenmann anzufassen. Wenn die Zuschauer von Ihnen und der Veranstaltung total begeistert sind, kann man sie zu fast allem bekommen. Aber keine Weichmacher in die Bitte an die Zuschauer einbauen: „Ich hatte mir vorgestellt, dass Sie vielleicht möglicherweise einfach mal aufstehen könnten …"

Auf den Punkt gebracht

Wenn Sie nicht der erste, sondern der letzte Redner sind, dann sorgen Sie dafür, dass etwas los ist. Menschen können nicht stundenlang nur zuhören. Das Publikum ist dankbar, wenn etwas passiert oder wenn es mitdenken darf. Teilnehmer werden zu Teilgebern, und das wird dazu führen, dass sie Ihren Vortrag in guter Erinnerung behalten.

Effektvolle Anfänge

64. Ein Rätsel

Rätsel ist ein großes Wort. Es ist etwas gemeint, auf das Ihr Publikum keine Antwort hat. Nicht einmal Sie selber müssen eine Antwort haben. Es muss nur zum Nachdenken und zum Einstieg ins Thema geeignet sein. Es soll die Zuschauer aktivieren.

> *Können Sie mir mal sagen, was in Menschen vorgeht, die um Mitternacht an einer völlig menschenleeren Kreuzung stehen, kein Auto weit und breit und darauf warten, dass die Ampel grün wird?*

Es kann natürlich auch ein echtes Rätsel sein. Oder ein sehr persönliches:

> *Gerhard musste in der Schülerzeitschrift mit 17 Jahren mal einen Fragebogen ausfüllen, weil er Schülersprecher werden wollte. Was glauben Sie, stand da unter „Berufswunsch"?*

Nachdenken, grübeln, Fragen beantworten … perfekte Möglichkeiten, ein Publikum sofort zu gewinnen.

> - *Es ist schwarz, rund und wurde in unserer Firma noch nie gesehen?*
> - *Was glauben Sie? Wie viele von unseren Fernsehern in Styroporverpackungen passen auf einen LKW?*

Wir alle lieben Quizsendungen, bei denen wir mitraten können. Machen Sie sich diese Tatsache zunutze.

65. Humor

Dass das Erzählen eines Witzes nicht immer ein guter Anfang ist, darauf wären Sie jetzt auch ohne mich gekommen. Aber vielleicht war der Witz ja auch einfach nur schlecht? Egal, ob Witz oder Humor, wenn die Leute zu Beginn erst mal herzhaft lachen, wäre das nicht der schlechteste Einstieg.

Mithilfe des Internets findet man so viele Pointen, die sogar nach Themen geordnet sind. Da ist es einfach, etwas Passendes zu finden. Noch spannender wird es aber, wenn Sie Pointen umschreiben, sie auf die Zielgruppe zuschneiden.

Chirurgie ist die Kunst, dem Menschen exakt so viele Organe wegzuschneiden, dass er zahlungsfähig bleibt.

Dieses Witzmuster können Sie auf andere Berufsgruppen umschreiben. Und eines wird Ihnen dann sicher erspart bleiben: Der Satz „Den kannte ich schon!". Meiner Erfahrung nach lachen Zuschauer gerne, auch wenn die Pointe vielleicht nicht mehr ganz so neu ist.

Was ist der Unterschied zwischen einem Berg und einer Tablette? Auf den einen kommt man schwer rauf, und die andere bekommt man schwer runter.

Für das Erfinden von Witzen und Pointen bedienen Sie sich am besten bei bestehenden Witzformeln, die Ihren Zuschauer schon bekannt sind. „Was-ist-der-Unterschied-Witze" sind leicht zu erfinden. Man nimmt einen Begriff aus dem Bereich, über den man reden wird, und stellt einen ungewöhnlichen Bezug her.

- *Was ist der Unterschied zwischen einem Redner und einem Notfall? Keiner. Beide treten ein und verbreiten Schrecken.*
- *Was ist denn der Unterschied zwischen Ihnen und den Kollegen bei Siemens?*

Lassen Sie sich was einfallen, das zum Thema passt.

Da gibt es die „Gipfel-Witze":

- *Der Gipfel der Aktualität ist, wenn nicht mal der Redner weiß, worüber er redet.*

Die Verneinung bietet viele Möglichkeiten:

- *Wir werden nie wissen, was wir nicht wollen, wenn wir nicht machen, was wir noch nicht können.*
- *Unnötig zu sagen, dass niemand nie durch keinen Humor nicht gestört werden könnte.*

Die gute und die schlechte Nachricht:

- *Die gute Nachricht ist, dass ich in fünf Minuten fertig bin …*

Die letzten Worte:

- *Die letzten Worte eines schlechten Redners? – Nur noch 60 Folien.*

Die Witze, in denen es um etwas Paradoxes geht:

- *Paradox ist, wenn einige von Ihnen zahlreich erscheinen.*

Abkürzungen sind schnell zu finden, oder Syndrome:

- *Wir alle leiden unter dem KIB-Syndrom: Keiner Ist Besser.*

Die Glühbirnen-Witze:

- *Wie viele von Ihnen braucht man, um eine Glühbirne …*

Und wenn Sie zu Ihrem Thema eine Aufzählung haben, dann achten Sie darauf, dass das dritte Wort der Aufzählung komisch wird:

> • *Es ist ganz einfach, das Rauchen aufzugeben. Sie brauchen nur einen starken Willen, Entschlossenheit und nasse Streichhölzer.*

Aber auch Übertreibungen, sprechende Tiere, Kreuzungswitze, Kannibalenwitze, Herr-Ober-Witze, falsche Definitionen, Optimist-Pessimist-Witze oder die Lieber-ein-Witze sind schnell erfunden.

66. Das Gegenteil sagen

Spätestens seit dem Buch von Paul Watzlawick, „Anleitung zum Unglücklichsein" oder Tucholskys „Tipps für einen schlechten Redner" hat sich die Idee herumgesprochen, Aufmerksamkeit dadurch zu erlangen, dass man das Gegenteil von dem wünscht, erwartet oder fordert, was man eigentlich will.

> *Tun Sie mir einen Gefallen: Lassen Sie die Handys an. Ich bin ein großer Fan ausgefallener Klingeltöne. Wenn Sie raus und rein wollen, nur zu. Ich habe gelernt, dass man das Publikum aktivieren soll. Und stellen Sie um Gottes Willen keine Fragen, das bringt mich aus dem Konzept.*

Der Zuschauer hört wieder hin, weil es anders ist, als das, was ihm sonst zu Beginn einer Veranstaltung gesagt wird.

> *Wir machen das hier ganz kurz. Bitte nicht in Stimmung*
> *kommen. Und am besten nichts trinken. Am besten spre-*
> *chen Sie auch niemanden an.*

Meines Erachtens müssen Sie das auch nicht mit einem
„Sie ahnen längst, dass das ein Scherz war!" auflösen. Das
versteht der Zuschauer auch so. Aber die meisten Redner
verlässt da der Mut und sie haben das Gefühl, noch einmal
sagen zu müssen, wie es gemeint war.

67. Etwas tun

Etwas zu tun zu Beginn einer Rede, ist sehr einfach und sehr
wirkungsvoll. Zerreißen Sie etwas! Werfen Sie etwas! Falten
Sie etwas! Wenn Sie können, dann jonglieren Sie, balancie-
ren Sie, fangen und werfen Sie, verknoten Sie, spielen Sie
mit einem Musikinstrument oder machen Sie eine artistische
Übung!

Beispielsweise so: Unter jedem Arm ein Paket, ein Paket zwischen den Beinen und eins unter dem Kinn. So versucht der
Redner langsam auf die Bühne zu kommen. Und dann stellt
er einen Bezug zum überlasteten Mitarbeiter her.

Der Speaker Peter Zinn zeigt einen kleinen Tennisball (logi-
sches Denken) und einen riesigen Gymnastikball (Emotion)
und fragt: „Wenn die beiden kämpfen, was glauben Sie,
wer gewinnt?"

Das Bild vergessen Sie nicht so schnell. Am besten ist es aber,
wenn Sie ohne Requisiten arbeiten oder das verwenden, was
Sie vor Ort vorfinden oder von dem Sie sicher wissen, dass
es vorhanden ist.

Vielleicht so: Der Redner schüttet zwei Drittel einer Flasche in ein großes Glas. Dann dreht er die Flasche um und sagt: „Für die meisten von uns ist die größere Hälfte unseres Lebens schon um."

Der Speaker und Bestsellerautor Lothar Seiwert benutzt einen Zollstock, den er zum selben Thema so nach und nach auseinanderbricht.

Natürlich sind auch große Requisitenkoffer erlaubt, aber da muss schon wirklich ein guter Gag dabei rauskommen. Denn Ihre Zuschauer sehen Sie ja nachher mit dem Schrankkoffer wieder zum Bahnhof ziehen.

68. Spannung erzeugen

In vorbereiteten Reden, und das sind die meisten Reden, um die es hier geht, können Sie die Spannung inszenieren wie in einem guten „Tatort". Schließlich liebt der Zuschauer Spannung.

> *Stellen Sie sich vor, es gäbe einen Satz, bei dem keine Frau Nein sagen könnte. Wären Sie interessiert? Auch wenn Sie es nicht glauben. Es gibt dieses Satz. Und Sie werden ihn heute erfahren.*

Am Ende Ihres Vortrags werden die Zuschauer Sie von selbst daran erinnern, auf diesen Punkt noch zu sprechen zu kommen. Der Speaker Stefan Spies schafft mit dieser Einleitung und der Auflösung zum Schluss jedes Mal einen wunderbaren Spannungsbogen. Jede Oskar-Verleihung funktioniert nach diesem Prinzip.

> *Die Gewinner stehen fest. Die Namen stehen hier in diesem*
> *Umschlag. Unwiderruflich. Nicht mehr beeinflussbar. Und es*
> *war ein denkbar spannendes Rennen.*

Auch wenn ich in vielen Büchern predige, bei Vorträgen mit
dem Wichtigsten sofort herauszurücken, bestätigt die Ausnahme wieder die Regel. Manchmal ist es das richtige Mittel,
die Zuschauer auf die Folter zu spannen, um ihre Neugier
zu erhalten. Aber Sie müssen dann ankündigen, dass gleich
etwas Spannendes, Besonderes kommt.

> *Das war die größte Erkenntnis, die ich in den letzten Jahren*
> *gewonnen habe …*

Jetzt können Sie gerne vorne anfangen.

69. Gegenstände personalisieren

Dieser Anfang ist auch nichts für jeden Anlass. Aber lassen
Sie den Fotoapparat, den Sie gerade vorstellen wollen, doch
mal selbst sprechen. Was würde der sagen? Wie würde der
die Veranstaltung finden? Welche Gefühle hätte er?

> *Mann, habe ich mich auf heute gefreut! Endlich kann ich*
> *sagen, was in mir steckt.*

Aber auch ein kleines Interview mit den Wanderschuhen des
Geburtstagskindes oder mit der Türklinke in der Reisekosten-
abteilung kann einen sehr guten Anfang ergeben.

> *Wenn unser Besprechungsraum erzählen könnte, was würde*
> *er dann sagen?*

Wie wissen die Zuschauer, dass der Gegenstand spricht? Ganz einfach. Sprechen Sie ihn an. Wir wissen sehr gut, wer gemeint ist.

▌ *Hallo, du neue Verpackung! Sag mal, wie geht es dir denn?*

Es kann auch sehr effektvoll sein, abstrakte Dinge zu personalisieren. Sprechen Sie doch mal mit der Zukunft, schimpfen Sie mit dem Teamgeist oder kommen Sie mal als … auf die Bühne.

Egal, ob Flaschengeist, Puppe, ob Gegenstand oder die sprechende Angst – verstellen Sie Ihre Stimme am besten nicht. Geben Sie der Kunstfigur eine andere Haltung (nervös, relaxt, aufgeregt), und deren Stimme ist von Ihrer Stimme sofort zu unterscheiden. Wenn Sie die Stimme unbedingt verändern wollen, dann dürfen Sie sich dabei aber nicht anstrengen. Wenn Sie Ihre Stimme anstrengen, weil Sie Aschenputtel piepsig sprechen oder den Räuber Hotzenplotz polternd, dann strengen sich auch die Zuschauer an. Manche Kinder-CDs sind genau aus diesem Grund nur begrenzt zu ertragen.

Auf den Punkt gebracht

Das sind alles Anfänge, mit denen Sie eine hohe Erwartung erfüllen. So fängt keine Rede an, die man mal eben so hält. Und diese Anfänge machen Arbeit. Aber sie sind eben auch verblüffender, bleiben besser in Erinnerung und unterstreichen Ihre Professionalität. Ob Sie sich die Arbeit machen wollen, entscheiden Sie.

Mutige Anfänge

70. Sich selbst loben

Manchen Rednern muss man das gar nicht erst sagen. Die machen das von allein und erzählen jedem, der es nicht wissen will, wie großartig sie sind, und zählen ihre großen Erfolge auf. Alle anderen können mal darüber nachdenken, ob es nicht ein guter Anfang wäre, ein bisschen Selbstzufriedenheit zu verbreiten.

> *Können Sie verstehen, dass ich stolz bin? Können Sie verstehen, dass ich sehr zufrieden bin mit den Entscheidungen, die ich im letzten Jahr getroffen habe? Es war eine gemeinsame Leistung, aber ich bin sehr erleichtert, dass ich mir im letzten Herbst von niemandem im Unternehmen in die neue Strategie habe reinreden lassen.*

Und wenn Sie dabei ein wenig übertreiben, hört Ihnen jeder zu, weil es ungewöhnlich ist und weil es möglicherweise was zu lachen gibt.

> *Das Dumme ist, dass ich in keinen Anzug mehr hineinpasse. Seit letztem Dienstag bin ich 20 Zentimeter gewachsen. Mein Personalausweis stimmt nicht mehr …*

Die Ermahnung, diese Art von Anfang nur sehr vorsichtig und bedacht einzusetzen, spare ich mir jetzt. Doch es gibt viele Menschen, die sich zu wenig wichtig nehmen. Auch wenn von ihrer Person in den vergangenen Monaten viel abhing und der Erfolg zum größten Teil ihr Verdienst ist.

71. Von sich in der dritten Person reden

Nehmen wir mal an, etwas wäre in der Vergangenheit nicht so ganz gut gelaufen. Und nehmen wir mal an, Sie wären die Ursache gewesen. Dann können Sie sich entschuldigen. Unter Umständen ist es aber leichter, von sich selbst in der dritten Person zu sprechen.

> *Dieser Mensch schämt sich heute. Er ärgert sich und würde gerne alles rückgängig machen. Und dieser Mensch bin ich.*

Es erfordert sicher ein bisschen Umdenken, ein Thema so anzugehen.

> *Dieser Michael Rossié ist ein seltsamer Typ. Der sagt ja zum Thema Rhetorik und Kommunikation etwas total anderes als das, was ich gelernt habe.*

Aber Sie haben damit auch ganz neue Möglichkeiten.

> *Der macht mich manchmal so wütend mit seinem „Das müssen wir schaffen!". Das klingt immer so besserwisserisch und arrogant. Dabei meint der das vielleicht nicht mal so, aber es kommt so rüber.*

Stellen Sie sich vor, Sie hätten ähnliche Gedanken in Bezug auf den Redner gehabt. Wäre das nicht amüsant, wenn der Redner auf der Bühne genau diese Gedanken ausspricht? Wären Sie ihm damit nicht sehr, sehr nahe?

Ich habe auf einer Geburtstagsfeier für eine Freundin mal der negativen Seite ihres Charakters (Nachname) eine Standpauke gehalten, sie möge sich ein Vorbild an der positiven Seiten ihres Charakters (Vorname) nehmen. Nach dem ersten Schreck, besonders beim Geburtstagskind, wurde viel über die Geschichte gelacht.

72. Eine Provokation

Nicht dass ich ein großer Fan von Provokationen wäre. Aber vor allem Erfolgstrainer und Top-Speaker machen das sehr gerne. Und die gehören unter den Rednern sicher zu denen, die ihr Publikum am meisten für sich einnehmen und die höchsten Honorare erzielen.

> *Ja, meine Damen und Herren, um Sie herum nur Gewinner und Sieger. Wie fühlt es sich an, im großen Spiel des Lebens immer nur der Verlierer zu sein?*

Vielleicht nicht unbedingt sympathisch, aber auch ich mache das ab und zu. Sie bekommen ja über das Internet heute viel mehr Informationen über Ihre Zuschauer, als manchem lieb ist. Nehmen wir mal an, Ihr Publikum ist zahlenmäßig überschaubar und es geht um Online-Kommunikation.

> *Ich habe mir gerade mal in Ruhe Ihre Internetseiten angeschaut. Nur eine einzige war so gut, dass man sie überhaupt erwähnen sollte.*

Eine wohl gesetzte Provokation am Anfang sichert Ihnen in jedem Fall hundertprozentige Aufmerksamkeit. Wenn Sie im Publikum Gegenwind spüren, ist das im Zweifelsfall besser als gar keine Emotion.

Und in manchen Fällen dient die Provokation auch sehr schön dazu, die dann entstehenden Wortmeldungen, elegant zu entkräften. Unter uns: Das kann richtig Spaß machen, weil man ja genau weiß, was kommt, und bestens vorbereitet ist.

Der Mentor und Speaker Thomas Göller hat seinen Workshop auf einem Speaker-Treffen mal so genannt:

> *Warum verdient mein Konkurrent (diese Schnarchnase) so viel Geld und ich nicht?*

Bevor ich mich bei den sieben goldenen Regeln für eine zielgerichtete Gesprächsführung langweile, gehe ich doch lieber in so einen Workshop. Die Provokation führt auf alle Fälle zu erhöhter Aufmerksamkeit.

73. Das Publikum hereinlegen

Ich muss eine VIP-Lounge in einem Hotel eröffnen und soll natürlich all die langweiligen Informationen geben, die sich Geschäftsleitung und Architekt so vorstellen, von der Materialauswahl bis zum investierten Kapital.

Gleichzeitig soll es unterhaltsam sein. Also fange ich in einem typischen Moderatorensingsang an:

> *Meine hoch verehrten Damen und Herren, lassen Sie uns die nächste Stunde nutzen, sich mit der architektonischen Konzeption ein wenig vertraut zu machen. Dazu ist ein kleiner Rückgriff auf die Kunstgeschichte unerlässlich …*

Dann unterbreche ich ziemlich abrupt.

> *Haben Sie jetzt Angst bekommen? Nein so machen wir nicht weiter.*

Und dann habe ich erzählt, worüber ich alles nicht sprechen werde und habe es damit natürlich getan. Ich habe meine Zuhörer einen Moment hereingelegt. Und die darauf folgende Erleichterung war ein schöner Beginn.

> *Nur ganz kurz. Ich bin gleich wieder weg. Frau Ersatz wird mich vertreten, denn ich habe heute noch einen wichtigeren Termin …*

Thomas Skipwith betritt die Bühne mit einem sehr großen dreieckigen Toblerone-Riegel und sagt: „Quadratisch! Praktisch! Gut!"

So geht das gut los! Ich wurde mal engagiert, eine kabarettistische Abschiedsrede für einen Bankvorstand zu halten. Ich bestellte die Uniform eines Wachmannes dieser Bank und platzte sehr laut mitten in die Feier.

> *Sie packen jetzt alle schleunigst Ihre Sachen zusammen und verlassen den Raum. Hier ist heute nichts mit Feiern. Morgen wird hier Herr Gehtjetzt verabschiedet und bis dahin muss noch eine Menge vorbereitet werden.*

Dann habe ich erzählt, was da morgen alles passieren wird, und habe über den Bankvorstand geplaudert, der die ganze Zeit direkt vor mir saß. Anschließend habe ich mich wahnsinnig erschrocken, weil ich mich offenbar im Tag geirrt hatte.

Einer der schönsten Kabarettabende meines Lebens hieß vor vielen, vielen Jahren „Lore Lorentz und die Pürkels" im Düsseldorfer Kommödchen. Der Vorhang geht auf und die Bühne ist voller Requisiten einer Artistengruppe, die Lore Lorentz jetzt anmoderiert.

Aber die Pürkels sind noch nicht da. Also sagt Lore Lorenz noch etwas zur Überbrückung, nimmt einen weiteren Anlauf, guckt nach, wo sie sind, überbrückt wieder … Sie ahnen die Pointe. Während des gesamten Programms treten die Pürkels überhaupt nicht auf. Lediglich die gesamte Ausstattung für eine Artistentruppe steht unbenutzt auf der Bühne, während sich Lore Lorentz wie ein Fremdkörper darin bewegt. Ein wunderbarer Dreh, mich zu fesseln. Denn es könnte ja sein, dass sie doch noch irgendwie kommen.

74. Das Publikum erschrecken

Bevor Sie mir jetzt Leserbriefe schreiben: Sie sollen Ihr Publikum natürlich nicht verjagen. Aber ein Schreck, der sich anschließend in Erleichterung auflöst, ist wieder ein exzellentes Mittel, alle Augen auf sich gerichtet zu wissen. Das haben wir ja gerade schon beim Hereinlegen gesehen.

> *Es tut mir leid, aber der Mensch, der neben ihnen sitzt, ist ein Betrüger.*

Das können Sie jetzt noch ein bisschen ausbauen, um dann zu erklären, dass der Wunsch zu betrügen in uns allen steckt. Im einen mehr, im anderen weniger.

> • *Ich werde Sie nicht mit einer langen Rede langweilen. Ich schaffe das auch mit einer kurzen.*
>
> • *Es dauert nur drei Stunden. Aber diese drei, maximal vier Stunden werden Ihr Leben auf Dauer verändern!*

Egal, wie es jetzt weitergeht. Nach so einem eigenartigen Anfang denken sich die meisten Zuschauer: Da höre ich besser erst mal zu. Es könnte ja spannend werden. Alles, was eine Emotion auslöst, erhöht die Aufmerksamkeit, auch wenn sich die Emotion als Fehlalarm herausstellt. Jetzt sind die Zuhörer hellwach.

Auf einer großen Veranstaltung mehrerer Banken und Versicherungen am Zürichsee in der Schweiz wurde nach der Pause Karaoke angekündigt.

> *Schauen Sie mal unter Ihren Sitz. Diejenigen, bei denen ein Zettel unter dem Sitz klebt, die kommen bitte nach vorne, um hier Karaoke zu singen …*

Da hingen tatsächlich bei vielen Zuschauern Zettel unter den Stühlen, aber natürlich gab es anschließend kein Karaoke. Die Erleichterung darüber, erst einmal bei denen, die keinen Zettel hatten, und dann bei denen, die doch nicht singen mussten, war riesengroß. Lautstarkes Gemurmel – das Mittagstief war überwunden.

Aber auch ein Knall ist denkbar, eine hastige Bewegung oder ein Lichtblitz. Ein Schreck, der sich als harmlos herausstellt, macht wach. Auch ein Störer, der sich als Komplize herausstellt, kann für einen sehr überraschenden Anfang sorgen.

75. Selbstgespräche führen

Stellen Sie sich vor, Sie betreten die Bühne und tun so, als ob der Saal völlig leer wäre. Jetzt führen Sie Selbstgespräche. Damit erfahren Ihre Zuschauer, was passieren wird oder würde, wenn denn jemand da wäre.

> *Wenn die jetzt gleich reinkommen, werde ich erst mal so tun, als sei gar nichts Besonderes. Dann werde ich ein sehr bedeutungsvolles Gesicht aufsetzen...*

Es gehört schon ein bisschen schauspielerisches Geschick dazu, ein Publikum, das da ist, gar nicht zu beachten. Deswegen sollten Sie das proben. Sie müssen sich genau überlegen, was Sie tun, während Sie dieses Selbstgespräch führen: den Beamer aufbauen, Unterlagen richten, die Bühne abschreiten. Es wäre auf jeden Fall ein Anfang, an den sich alle auch noch Monate später erinnern werden.

> *Das ist der falsche Raum. Da bin ich mir sicher. Die Geburtstagsfeier vom Hermann verpasst man doch nicht. Niemand verpasst die. Und ich habe so eine tolle Rede vorbereitet. Und jetzt ist hier niemand ...*

Die Kunst ist dabei, es so hinzubekommen, dass alle den Eindruck bekommen, Sie sprächen zu sich. Sie erlauben den Zuschauern einen Blick in Ihre Gedankenwelt und können damit ganz andere Informationen transportieren als mit einer klassischen Ansprache. Es ist ein bisschen so wie ein Off-Text im Film.

76. Die Zuschauer anfangen lassen

Auf einer Konferenz in Amerika habe ich Jeff Jarvis gesehen. Er ist der Autor von „Was würde Google tun?". Und wenn Sie so wollen, hat der gar nicht angefangen. Der hat überhaupt keine Rede gehalten. Der hat die Schwarmintelligenz sprechen lassen. Er ist gleich unter die Zuschauer gegangen und hat angefangen, das Wissen der Zuschauer miteinander zu vernetzen. Auch diese „Rede" wird mir nachhaltig in Erinnerung bleiben.

Möglicherweise wird es in der nahen Zukunft immer weniger Menschen geben, die von einer Bühne herunter Wissen an andere weitergeben, sondern Wissen wird untereinander ausgetauscht. Aber Sie könnten mit einer Frage dazu beginnen, was Sie und die Zuschauer denn überhaupt jetzt machen sollen.

> *Ich halte jetzt keine Rede. Ich dachte mir, Sie sagen was. Wir wollen heute über Ihre Probleme reden. Da ist es nicht sinnvoll, wenn der Chef was sagt. Das meine ich ernst. Ich sage jetzt nichts …*

Sie könnten die Zuschauer bitten, jeweils einen Satz über das neue Projekt zu sagen oder über denjenigen, der Geburtstag hat. Oder Sie bitten darum, Statements in den Raum zu rufen, über die sich die Zuschauer schon seit Tagen ärgern.

Jetzt können Sie Ihre Gedanken immer noch einfließen lassen. Oder thematisieren, warum sich so wenige oder so viele melden.

> *Die wenigen Meldungen zeigen mir, dass wir etwas grundsätzlich falsch machen …*

Der Redner wird hier mehr zum Moderator, zum Ermöglicher, zum Impulsgeber. Und das heißt nicht, dass am Ende weniger herauskommen muss.

Formate wie das Bar-Camp oder die Un-Conference können sehr spannend und lehrreich sein. Doch es erfordert eine

Menge Mut, sich auf solche Formate einzulassen, und ein bisschen Erfahrung, damit zu arbeiten.

77. Schweigen

Eine beliebte Übung an einer Schauspielschule ist es, die Bühne zu betreten, den Mund aufzumachen und dann nichts zu sagen. Jetzt wird die Zeit gestoppt, wer es am längsten schafft, ohne dass es für die Zuschauer langweilig wird. Mehrmalige Fehlversuche, dann verlässt den Sprecher der Mut oder er will anders anfangen. Oder er verzweifelt, weil er das nicht hinbekommt. Der Kabarettist Gerhard Polt hat es mal geschafft, auf der Bühne über sieben Minuten zu schweigen, bevor es losging.

Eine deutlich einfachere Variante besteht darin, darüber zu sprechen, dass man nicht darüber sprechen wird. Weil es unnötig ist, weil schon alles gesagt ist, weil das neue Produkt für sich spricht. Weil man sich ärgert.

> *Ich werde dazu jetzt nichts sagen. Da können Sie noch so lange warten. Das halte ich nicht aus, denken Sie? Doch das halte ich aus. Das werde ich Ihnen beweisen. Ich sage nichts. Gar nichts. Ich sage nicht mal, dass …*

Bei einer Vernissage habe ich mal einen Künstler vorgestellt. Aber ich habe dem Publikum dauernd gesagt, dass ich Ihnen nicht sage, dass der Künstler aus Hamburg kommt, weil das ja niemanden was angeht. Und so bin ich so nach und nach alle Informationen losgeworden, die angeblich wichtigen und die angeblich unwichtigen. Ein zumindest ungewöhnlicher Anfang.

Auf den Punkt gebracht

Selbstbewusstsein kann man nicht lernen. Und für diese Anfänge sollten Sie ein Minimum an Erfahrung mitbringen. Wenn die Bühne für Sie feindliches Territorium ist, dann lesen Sie lieber noch ein bisschen am Anfang dieses Buches. Wenn Sie wollen, dass man anschließend über Sie redet, dann wagen Sie mal etwas. So wirklich viel kann ja nicht passieren. Im schlimmsten Fall lässt man Sie so bald nicht wieder auf die Bühne.

Schauspielerische Anfänge

78. Rollenspiele

Sie könnten in einer bestimmten Rolle auf die Bühne gehen. Der Speaker Michael Ehlers tritt als Dr. Hein Hansen auf, einer ziemlich echten Kopie eines Hamburger Fischverkäufers.

Aber ich habe auch schon Manager als Revolverheld gesehen oder als Heidi Klum, die heute leider kein Bild dabei hat.

Sie können auch als rasender Reporter auftreten:

> *Ich berichte hier live von der Geburtstagsfeier von Markus. Die Gäste sind inzwischen da, die ersten Redner wurden gerade angekündigt …*

Ich habe auch schon Vorträge als Karikatur eines Redners gehalten. Oder als unsicherer Anfänger. Der Zauberer und Speaker Gaston betritt die Bühne als unsicherer, extrem schlechter Redner und zeigt über die langsame Veränderung der Körpersprache, wie man Sicherheit ausstrahlt. Witzig und in Erinnerung bleibend.

Andere Möglichkeiten wären:

- *der Redner als Krankenschwester für das malade Unternehmen*
- *ein Lehrer, der Schulnoten verteilt*
- *eine gute Fee*
- *ein Verkäufer auf einem Jahrmarkt*

Der Moderator Michael Sporer hat einmal das Meeting einer großen Firma als Fernsehsendung inszeniert, ohne dass weit und breit eine Kamera zu sehen war. Er hat so getan, als gäbe es verschiedene Einstellungen, als bekäme er Anweisungen von einem Regisseur und hat das Publikum all das machen lassen, was man ein echtes Publikum auch machen lassen würde, wenn denn wirklich aufgezeichnet würde. Es muss für alle ein sehr lustiger Abend gewesen sein.

79. Eine Szene oder ein Dialog

Sie müssen kein Schauspieler sein, um eine Szene vorzuspielen. Letztlich geht es nur darum, zwei oder drei Personen sprechen zu lassen. Wörtliche Rede ist oft der authentischste und lebendigste Teil von Reden und Vorträgen und für jede Rede ein gutes Würzmittel. Meinen Vortrag auf dem Stuttgarter Wissensforum habe ich so angefangen:

> *Treffen sich zwei Speaker. Sagt der eine zum anderen: „Bist du dieses Jahr in Stuttgart?" Der andere antwortet: „Ja!" Und beide wissen genau, wovon sie reden. Vom heutigen Tage. Ich bin sehr stolz …*

So ein Anfang ist sehr einfach. Jeder weiß, dass es den Dialog so nie gab, aber die Botschaft ist klar. Aber auch ein echtes Gespräch, das Sie wiedergeben, ist ein guter Einstieg in eine Rede. Da Sie es gehört haben, ist es leicht zu inszenieren.

> • *Ich erinnere mich noch genau an den Tag, als Peter in mein Büro stürmt und sagt: „Ich habe sie gefunden!" – „Was*

hast du gefunden?", habe ich gefragt. Und er strahlt mich an und sagt: "Die Frau fürs Leben!"

- "Zieht der Chef das wirklich bis zum Ende durch?" – "Ja, der zieht das durch!" – "Jede Wette, dass er es nicht tut?" – Meine Damen und Herren, die Wette hätten Sie verloren.

Jeder Dialog erzählt vor allen Dingen zwischen den Zeilen. Und die Zuhörer sind sofort mitten in einer Szene. Spannender geht es kaum.

80. Singen

Jetzt sagen Sie nicht, Sie könnten nicht singen. Es geht darum, ein paar Takte anzusingen. Anstatt von dem bekannten Lied "Blau, blau, blau blüht der Enzian" zu sprechen, können Sie doch die erste Zeile einfach singen. Das ist viel einfacher als es aussieht. Geeignet sind auch:

- We are the champions
- What a wonderful world
- Denn ich hab alles nur geträumt
- Jetzt wird wieder in die Hände gespuckt
- Wer wie was, wieso, weshalb, warum
- Ich war noch niemals ihn New York

Das kann ruhig ein bisschen schief klingen. Aber Sie transportieren mit den meisten Liedern eben nicht nur eine Zeile, sondern auch einen Rhythmus, ein Gefühl, eine Stimmung, und das kann gerade am Anfang sehr hilfreich sein. Und wenn Sie gar nicht singen können, dann sprechen Sie einfach die erste Zeile wie einen Text.

81. Effekte mit dem Mikrofon

Es gibt Spezialisten, z. B. bei A-Capella-Gruppen, die in der Lage sind, aus einem Mikrofon die erstaunlichsten Dinge herauszuholen. Man ist völlig verblüfft, wie man einen Ton verändern kann und was mit zwei Lippen und einer Zunge alles möglich ist.

Wenn man den Techniker zu Hilfe nimmt, vergrößert man die Anzahl der Möglichkeiten noch um ein Vielfaches. Das geht natürlich mit einem Handmikrofon deutlich einfacher als mit einem Ansteckmikrofon oder einem Headset. Deswegen schwören viele bekannte Speaker auf die Benutzung eines Mikrofons, das sie in die Hand nehmen können.

Nehmen Sie das Mikrofon, legen Sie Ihre Hand um den Kopf des Mikrofons und in Kombination mit einer etwas nasalen Stimme entsteht die wunderbare Kopie eines Flugzeugkapitäns oder eines Zugbegleiters bei der Deutschen Bahn.

Sie können Maschinen imitieren, Rhythmen andeuten, Seufzer und tiefe Einatmer benutzen. Sie können flüstern und mit den Zähnen knirschen, Sie können Erkältungskrankheiten simulieren, Sprech- oder Sprachfehler und kehlige oder verhaucht klingende Stimmen nachmachen.

Auch mit einem sehr kleinen Tonerzeuger, der für einen großen Raum eigentlich zu leise ist, kann man über das Mikrofon tolle Effekte erzielen. Zum Beispiel mit Spieluhren, Glöckchen, Musikinstrumenten oder Kinderspielzeug. Auch hier ist Kreativität gefragt.

82. Parodieren

Zum Parodieren müssen Sie kein großer Schauspieler sein. Wenn ich in einer Gruppe, die sich gut kennt, alle bitte, einander zu parodieren, genügt manchmal eine einzige Bewegung, ein einziger Satz, eine einzige Reaktion, um den anderen sofort zu erkennen. Das geht schnell und ist einfach.

- *Hallo erst mal …*
- *Faszinieeeerend!*
- *Gunaaaaaabend …*

Aber auch Menschen, die alle kennen, eignen sich für eine Parodie. Spielen Sie eine Dieter-Bohlen-Kopie vor, die mal so richtig Feedback zum letzten Projekt gibt.

Wenn Sie mit „Alles wird gut" beginnen oder „Top, die Wette gilt" oder wenn Sie mit den Händen erst einmal das Merkel-Dreieck machen, weiß jeder, was oder wer in diesem Moment gemeint ist.

Warum nicht Kollegen, Mitarbeiter, Chefs imitieren? Warum nicht Teamsitzungen karikieren, Diskussionsrunden durch den Kakao ziehen oder E-Mails und Rundschreiben durch ein paar kleine Änderungen oder Umstellungen aus einem neuen Blickwinkel betrachten?

Wenn Sie das liebevoll machen und Ihre Zuschauer sagen „Genau so ist es!", haben Sie schon halb gewonnen. Die Zuspitzung hat es klar gemacht.

Gerriet Danz hat ein wunderbares Buch geschrieben. Es heißt „An die Wand geworfen" und darin überspitzt er PowerPoint-Präsentationen so, dass man sich köstlich amüsiert.

- *Eine Weihnachtsbescherung mit PowerPoint*
- *Ein Heiratsantrag mit PowerPoint*
- *Die 10 Gebote als Präsentation*

Sehr komisch, sehr lehrreich – und gleichzeitig hat es mich sehr nachdenklich gemacht.

83. Telefonieren

Spielen Sie zum Beispiel den Anruf vor, als Sie für die gerade stattfindende Veranstaltung eingeladen wurden. Vielleicht war der witzig, überraschend, interessant. Aber machen Sie sich vorher ein paar Gedanken. Einfach immer zu wiederholen, was der am anderen Ende gesagt hat, ist die schlechteste aller Möglichkeiten, allein ein Telefongespräch zu simulieren.

Wie soll es sein? … Natürlich ist es humorvoll! … Eh klar: nichts gegen die Konkurrenz … Ja, und nicht zu schwer. Ist ja schließlich der Jahresabschluss. Ich weiß schon Bescheid.

Am einfachsten ist es natürlich, wenn es das Telefongespräch so gegeben hat.

Hättest du nicht Lust, irgendwas auf dem Betriebsfest aufzuführen? … Aber verstehe ich doch. Wenn du so viel zu tun hast … Und deine Frau? … Gerda habe ich schon angerufen. Die kann auch nicht. Stimmbandprobleme …

Sie können in kurzer Zeit eine Reihe von Telefongesprächen vorspielen, bei denen Ihre Zuschauer zunächst noch gar nicht begreifen, worauf Sie damit hinauswollen. Das werden Sie dann anschließend erklären, wenn Sie „aus der Rolle gefallen" sind.

 Sie brauchen für solche einfachen Szenen kein Telefon mitzubringen oder Ihr Handy einzusetzen. Eine Hand als Telefonhörer genügt vollkommen. Und auch die nehmen die meisten Profis nicht. Nach dem ersten „Hallo, mit wem spreche ich?" hat jeder verstanden, dass der da oben auf der Bühne telefoniert. Und wenn er zwei sprechen lässt, genügt eine kleine Änderung der Körperhaltung, damit die Zuschauer verstehen, dass jetzt ein anderer spricht.

84. Eine Pantomime spielen

Gerade wenn Sie kein Profi sind, kann auch eine Pantomime ein überraschender Anfang sein. Dabei geht es nicht darum, in der Vorstellung der Zuschauer Räume oder Landschaften entstehen zu lassen. Es geht eher um eine stumme Szene zu Beginn, die zeigt, worauf Sie mit Ihrer Rede hinauswollen.

- *Zeigen Sie die Handhabung des neuen Produkts oder den Umgang mit einem Gegenstand, der allen vertraut ist.*
- *Warten Sie mal ungeduldig, um zu zeigen, dass die meisten Sitzungen im Unternehmen unpünktlich beginnen.*
- *Zupfen Sie mal ziemlich lange an sich herum, um zu zeigen, dass alles perfekt sein muss.*

Sobald Sie sich mit einem Gegenstand beschäftigen, egal ob Sie Hüte anprobieren, imaginäre Waffen testen oder mit der Tücke des Objekts kämpfen, und sobald Sie genau wissen, was Sie auf der Bühne tun können, wird das Spielen einer Pantomime einfacher. Und auch wenn ein echter Pantomime das mit einem imaginären Gegenstand machen würde, können Sie ruhig etwas in die Hand nehmen.

Ermöglichen Sie Ihren Zuschauern zu beobachten, wie Sie Ihren Gehaltszettel bekommen, eine E-Mail vom Chef lesen, morgens die Firma betreten oder wie Sie versuchen zu arbeiten, ohne gestört zu werden.

Folien im Hintergrund können dabei helfen, den Ort zu erklären, an dem Sie sich befinden. Dasselbe gilt für Musik, Geräusche oder eingespielte Sätze und Zitate anderer Menschen. Aber da sind wir dann auch schon bei Anfängen mithilfe der Technik. Das wird dann immer gleich ein bisschen aufwendiger.

Auf den Punkt gebracht

Es eignet sich nicht jeder zum Schauspieler. Aber die meisten Menschen, die ich kenne, haben da schon positive Erfahrungen gemacht – in Schultheatergruppen, beim Laienspiel, im Improvisationstheater. Wenn Sie im Zweifel sind, ob Sie das können und ob das ankommt, probieren Sie es aus. Am besten in einer Situation, in der es nicht um alles geht.

Anfänge mit Technik

85. Ein Foto

Ein außergewöhnliches Foto, ein witziger Schnappschuss oder ein berührende Fotomontage können wunderbare Einstiege sein. Da finden Sie sicher etwas im Internet, aber ein eigenes Foto ist immer besser und vor allen Dingen haben Sie die Rechte daran.

86. Ein Film

Es ist heute technisch kein Problem mehr, zwischendrin Filme zu zeigen. Wenn Sie sicher sind, dass der Film nicht letzte Woche bei Facebook von jedem „gelikt" wurde, ist das ein exzellenter Weg zu ungeteilter Aufmerksamkeit.

Interviews, Trickfilme, Trailer etc. sind als Einstieg sehr beeindruckend. Das Problem mit den Rechten haben Sie wie bei den Fotos. Machen Sie doch Ihren eigenen Film!

87. Musik

Musik kann Untermalung sein, aber auch Einleitung und Vorspiel. Viele bekannte Redner kommen mit einer speziellen Musik auf die Bühne. Achten Sie darauf, dass die Art der Musik die Stimmung schafft, der Text eines Liedes ist eher zweitrangig.

- *Spiel mir das Lied vom Tod*
- *die Eurovisionsmelodie*

Besonders ferne oder exotische Orte lassen sich mit Musik sehr gut für alle erschaffen.

- *orientalische Klänge*
- *Countrymusik*
- *afrikanische Trommeln*

Es genügen nur wenige Takte und die Musik transportiert deutlich mehr Atmosphäre, als es jede lange Anleitung je könnte.

Und sollten Sie tatsächlich ein Instrument spielen, dann können Sie nicht nur Gesang unterlegen, sondern auch Ihre Rede mit Tönen und Rhythmen.

88. Eine Karikatur

Ein gezeichneter Witz, eine Karikatur eines Menschen oder eine symbolische Szene für den Umgang miteinander. Ein guter Zeichner kann Ihnen mit wenigen Strichen eine effektvolle Botschaft für Ihre Folie oder Ihr Flipchart liefern.

Und wenn Sie sonst keine Folien haben, kann dieses Bild den gesamten Vortrag über stehen bleiben und sozusagen die Basis für das bilden, was Sie den Zuhörern sagen wollen.

89. Ein Lauftext

Im Kino läuft nach dem Film der Nachspann. Da lassen sich Filmemacher inzwischen viel einfallen, dass der gelesen wird. Schließlich waren viele Leute an dem Film beteiligt. Ein Text, der durchs Bild läuft, der möglicherweise animiert ist, eine

Hand, die zum Anfang ein paar Gedanken auf eine imaginäre Leinwand schreibt.

So etwas lässt sich für den Anfang einer Rede leicht herstel-
len und sorgt für einen Überraschungseffekt.

90. Etwas zeichnen

Ein guter Anfang ist auch eine witzige Zeichnung auf einem
Flipchart oder ein ausdrucksstarker Schriftzug. Stellen Sie
sich vor, Sie betreten seelenruhig die Bühne, gehen zum Flipchart und beginnen in alle Ruhe zu zeichnen. Die gesamte
Aufmerksamkeit ist jetzt bei Ihnen.

Auf modernen Tablets können Sie auch in PowerPoint-Präsentationen nach Herzenslust herummalen. Ich habe das
zum ersten Mal bei Klaus J. Fink gesehen, und das war sehr
effektvoll. Verändern Sie eine Zeichnung, fügen Sie einer
Folie etwas hinzu. Radieren Sie. In jedem Fall ein ungewöhnlicher Anfang.

Von dem Visualisierungscoach Johannes Sauer habe ich
gelernt, wie einfach es ist, auf dem Flipchart in bestehende
Zeichnungen andere gezeichnete Gegenstände oder Figuren
hineinzukleben und wieder herauszunehmen oder vorher
vorbereitete Aufkleber abzuziehen und damit tolle Effekte zu
erzielen. So ein Flipchartblatt kann man dann auch häufiger
verwenden.

91. Eine Uhr beginnt zu laufen

Die Zeit ist kostbar. Ihre Zeit ist begrenzt. Und eine Uhr mit ablaufender Zeit ist eine sehr effektvolle Möglichkeit, darauf hinzuweisen, wie Sie mit dieser Zeit umgehen wollen.

Und wenn Sie dann am Ende das Symbol noch einmal aufgreifen und die Zeit dann 00:00 erreicht, lässt sich das mit fast jeder Botschaft verbinden. Besonders bei Zeitdruck.

92. Eine Slideshow

Bei längeren Events können Sie mit ein paar Fotos vom vorherigen Abend beginnen. Sie können das neue Produkt auf schönen Fotos von allen Seiten zeigen, ohne etwas zu sagen, oder Sie blenden Bilder mit den Unternehmenszielen für das nächste Jahr ein.

Der Speaker und Rhetoriktrainer Andreas Bornhäußer heißt zu Beginn des Seminars jeden Teilnehmer auf einem Slide herzlich willkommen. Diese Slides laufen während der Wartezeit in einer Endlosschleife. Das hat mich wirklich beeindruckt. Und noch mehr natürlich die Teilnehmer, deren Namen da richtig geschrieben zu lesen waren.

Ich habe mal eine Speakerin gecoacht, die auf einer großen Veranstaltung nur zehn Minuten hatte, ein Charity-Projekt vorzustellen. Ich habe ihr den Tipp gegeben, die Veranstalter zu fragen, ob nicht schon Fotos von dem Projekt als Endlosschleife auf der Leinwand zu sehen sein können, wenn die Zuschauer den Raum betreten. Das war in diesem Falle möglich, und beide haben etwas davon: Für die Zuschauer gibt es beim Warten etwas zu gucken, das Projekt wird dadurch präsenter und die Speakerin hatte Zeit gespart.

93. Grußwort auf Video

Ob der internationale Chef, der örtliche Landrat oder ein Prominenter: Wenn es jemanden gibt, den Sie zuschalten können, um so besser. Und wenn der Sie dann auch noch per Video ansagt, erhöht das Ihren Marktwert. Solche Videos sind heute leicht und kostengünstig herzustellen. Ein kleiner Film, aufgenommen mit einem Smartphone auf einer Teleskophalterung, genügt völlig.

94. Eine Geräuschcollage

Da sind wir jetzt schon nahe dran an der nächsten Rubrik mit den aufwendigen Anfängen. Aber stellen Sie sich mal vor, es kämen Geräusche, Gesprächsfetzen, Töne und Signale von allen Seiten des Raumes.

Möglicherweise sind sogar unter den Sitzen Lautsprecher befestigt. Die Illusion, irgendwo mittendrin zu sein, könnte einen sehr starken Eindruck hinterlassen: auf einem Pferderennplatz, in der vollen U-Bahn, auf einer Baustelle oder in einem Kindergarten.

Aber natürlich geht das auch einfacher. Stellen Sie sich vor, Sie kommen auf die Bühne, und es ist ein Besetzt-Ton zu hören. Oder ein Gemisch von Handyklingeltönen, oder Gemurmel oder eine blökende Schafherde oder splitterndes Glas oder Schüsse …

95. Ein Requisit benutzen

Es muss ja nicht immer das Modell eines Gehirns sein, um zu zeigen wo unsere Emotionen herkommen. Aber ein Bild ist eben oft nicht so eindrücklich wie der Gegenstand selbst.

- *Dribbeln Sie mit einem Ball auf die Bühne.*
- *Schleppen Sie eine Leiter mit.*
- *Stellen Sie einen Klappstuhl auf.*
- *Halten Sie den Prototypen des neuen Produktes in der Hand.*

Auf einer Roadshow eines Börsengängers, für die ich den Vorstand trainiert habe, hatten die Manager nicht mal ein einziges Exemplar ihres Produkts dabei.

Auch Requisiten, die etwas versinnbildlichen wie eine Peitsche, ein Pausenbrot oder ein paar Turnschuhe, können einen sehr guten Anfang ergeben.

Der deutsche Speaker Lutz Langhoff verbringt große Teile seiner Vorträge auf einem richtig hohen Einrad, auf das er nur mit fremder Hilfe raufkommt. Den vergessen Sie nicht.

Oder der Speaker Johannes Warth. Der schießt Kerzen mit Pfeilen aus. Und wenn Sie jetzt sagen, dass das in Ihrem Raum nicht geht – Johannes Warth kriegte das aber hin.

96. Eine elektronische Publikumsbefragung

Es gibt heute tolle technische Möglichkeiten, die Meinung des Publikums ad hoc einzufangen. Bei einem großen Verlag bekam jeder eine Art Smartphone in die Hand und konnte jeweils zwischen vier Alternativen wählen, die auf Folien an die Wand geworfen wurden. So stand der Redner ständig in Kontakt mit dem gesamten Publikum, das ihm in der Abstimmung auch Dinge sagen konnte, die für ihn nicht so angenehm waren:

A: Die Aktion war richtig klasse.

B: Die Aktion war hilfreich.

C: Die Aktion war überflüssig.

D: Ich habe mich über die Aktion geärgert.

Jetzt konnten die Zuschauer live miterleben, wie der Vorstand mit den Ergebnissen der Befragung konfrontiert wurde und was er dazu zu sagen hatte. Das war echter Dialog mit einer großen Gruppe.

Bei einer Convention in Amerika ist die Speakerin Sally Hogshead noch einen Schritt weiter gegangen. Sie hat am Vortag ihres Vortrags auf einen Fragebogen im Internet hingewiesen, den wir alle ausfüllen sollten. Und am nächsten Tag hat sie die Ergebnisse der Umfrage, an denen man ja selbst beteiligt war, auf der Bühne präsentiert. Sehr ungewöhnlich. Sie sprach von niemand anderem als von der Gruppe, die vor ihr saß, und ich gehörte dazu.

Auf den Punkt gebracht

Der Einsatz von Technik ist aufwendig und manchmal sogar teuer. Dafür sind Effekte möglich, die Sie allein mit Worten nicht hinbekommen. Also auch wenn Sie kein wirklich brillanter Redner sind, kann ein guter technischer Effekt helfen, Ihre Rede zu verbessern, ohne dass Sie wirklich an Ihrer Performance arbeiten müssen.

Aufwendige Anfänge

97. Eine Maske

Kommen Sie mit einer Maske. Das ist gar kein so großer Aufwand. Das muss ja nicht die perfekte Latexmaske sein. Das Bild aus dem Internet holen, ausgeschnitten aus Papier mit zwei Löchern für die Augen und einem Schlitz für den Mund, und schon können Sie als Prominenter auftreten. Entweder als jemand, der prominent im öffentlichen Leben ist, oder als Prominenter innerhalb Ihrer eigenen Firma oder Organisation.

Aber Sie können sich auch als Albert Einstein einmischen, als Elvis, als Fernsehmoderator oder als Komiker.

98. Sich verkleiden

Sich zu verkleiden heißt nicht, dass Sie ein Karnevalskostüm brauchen. Aber ein Kleidungsstück, das für den Jubilar steht, den Sie ehren. Einen Fan-Schal Ihres Vereins oder Freizeitkleidung als Symbol, dass man sich um die Zukunft des Unternehmens keine Gedanken machen muss. Auch das könnte eindrucksvoll wirken.

- *Kommen Sie als Zirkusdirektor.*
- *Stecken Sie sich eine rote Nase ins Gesicht.*
- *Treten Sie als Schornsteinfeger auf.*
- *Erscheinen Sie als Sherlock Holmes.*

Geben Sie den Polizisten:

 Darf ich mal Ihre Führerscheine und Fahrzeugpapiere sehen? Bitte der Reihe nach!

Kommen Sie im Arztkittel oder als typischer Controller. Der Speaker Edgar K. Geffroy ist auch schon in Bergsteigermontur auf die Bühne gekommen.

99. Eine Puppe

Sie müssen kein Bauchredner sein, um eine Puppe oder ein Stofftier als Gesprächspartner oder Demonstrationsobjekt mit auf die Bühne zu bringen. Und diese Puppe könnte ja auch mal anfangen und Sie begrüßen.

Eventuell brauchen Sie noch einen Tisch oder einen Halter für die Puppe. Aber wenn Ihnen die Idee gefällt, dann wäre das leicht zu organisieren.

Aber Vorsicht! Die Puppe muss weiter mitspielen und während des restlichen Vortrags immer wieder auftauchen. Nur wegen des Anfangsgags eine Puppe einzuführen, die dann vergessen wird, das nimmt der Zuschauer meistens übel.

100. Ein Zaubertrick

Wenn Sie zaubern können, wunderbar. Aber Sie sollten es perfekt können. Nichts schlimmer als ein Zaubertrick, bei

dem sich der Zauberer enorm konzentrieren muss. Die Zuschauer hätten Mitleid mit ihm und jedes Interesse für die
Inhalte der Rede würde erlöschen. Die Trainerin und Speakerin Gaby S. Graupner hat während ihrer Präsidentschaft
die jährliche Convention damit begonnen, dass sie während
ihres Vortrages in Sekunden (!) ihr Kleid gewechselt hat.
Das war Tagesgespräch. Aber auch das musste sie minutiös
üben. Das macht man nicht einfach mal schnell so.

Auf den Punkt gebracht

Diese Anfänge machen wirklich viel Arbeit. Aber ich will
Ihnen eben auch zeigen, was alles noch möglich ist. Die
Anzahl der Anfänge ist unbegrenzt. Wenn Sie etwas
können, wenn Sie etwas üben, wenn Sie etwas hart trai-
nieren, lässt sich daraus ein Effekt für Ihre Rede machen.
Im besten Fall machen Sie sich unvergesslich.

Weitere Anfänge

Nein, wir sind nicht am Ende. Wir machen nur einfach Schluss. Nicht weil mir nichts mehr einfällt, sondern weil die Zahl 100 leider schon erreicht ist. Es gibt noch unendlich viele weitere Möglichkeiten.

Machen Sie doch mal etwas falsch am Anfang. Versprechen Sie sich, kommen Sie von der falschen Seite! Tun Sie etwas, dass offensichtlich ein Fehler ist. Und die Erleichterung, dass der Fehler nur gespielt war, wird wieder für Spannung sorgen. Dazu braucht man ein bisschen Mut, aber das ist nicht schwer.

Mit **Schwarzlicht** können Sie besondere Effekte erzielen. Nur weiße Kleidungsstücke sind leuchtend zu sehen, schwarze nicht. Es können sich also Köpfe ohne Körper bewegen oder Hände allein unterwegs sein.

Besonders wenn eine zweite Person beteiligt ist, steigt die Anzahl der möglichen Effekte deutlich. Was die Zuschauer vorher für die Arme und Beine einer Person gehalten haben, sind in Wahrheit die von zwei Personen.

Oder Sie lassen gleichzeitig von Tänzern um Sie herum das vortanzen, was Sie gerade sagen, **eine getanzte Rede** sozusagen. Sehen Sie sich im Internet mal John Bohannon an. Das ist richtig toll. Auch eine Rhythmisierung durch Tanz oder Musikinstrumente ist sehr wirkungsvoll. Besonders am Anfang.

Und wenn Sie selber tanzen können, noch besser. Dann tanzen Sie den Anfang. Ein paar Tangoschritte oder eine Drehung auf den Fußspitzen ergeben einen guten Einstieg.

Vielleicht können Sie auch noch mehr? Auf dem Kopf stehen, ein Rad schlagen, Handstand-Überschlag? Der amerikanische Speaker Dan Thurmon fegt mit den **tollsten Kunststücken** über die Bühne. Und die Leute warten inzwischen schon auf den nächsten Salto in der Luft.

Der Speaker und Moderator Bernhard Wolff kann **perfekt rückwärts** sprechen und Ihnen das dann anschließend richtig herum abspielen. Inzwischen kann er das sogar singend.

Wenn Sie auf einer großen Bühne sind, können Sie das Licht ausnutzen. Sie stehen im Lichtkegel, ein **Stroboskop** taucht die Bühne in grelle Lichtblitze, in denen Ihr Auftritt wie getanzt wirkt oder Sie schaffen mit buntem Licht jede gewünschte Stimmung. Wenn das geht, benutzen Sie es.

Unter Schauspielern sagt man „Wenn der Regisseur nicht weiter weiß, nimmt er **Trockeneis**". Wenn Ihnen also gar nichts anderes einfällt, dann wabern weiße Nebel über die Bühne, aus denen jetzt wie eine Erscheinung aus einer anderen Welt der Redner tritt. Mit einer esoterischen Botschaft kann auch das wirkungsvoll sein.

Und wenn Sie Helfer haben und wenn es vielleicht auf einem großen Event darauf ankommt, dass es wirklich gut wird und die Teilnehmer noch Tage später davon sprechen, dann machen Sie doch mal einen **Flashmob.** Beauftragen Sie Zuschauer, nach einer festgelegten Dramaturgie dazwischenzurufen, zu stören oder scheinbar die Regie zu übernehmen. Ihr Publikum wird erschrecken, die Aufmerksamkeit ist bei 100 Prozent, und die Erleichterung, dass alles eine Inszenierung ist, wird die Stimmung deutlich heben. Sie haben hier die maximale Fallhöhe, die jedes gute Spannungsmoment braucht.

Wir haben mal eine Convention der German Speakers Association so eröffnet. Daran erinnern sich alle noch Jahre später. Da haben die Störer nach dem ersten Schrecken dann auch noch das Singen angefangen. Das nennt man dann einen **Musical-Flashmob**.

Im Internet finden Sie unzählige Beispiele für Flashmobs. Eine der schönsten ist von John Reynolds, der eine Social-Media-Plattform vorstellt. Der Film davon ist leider nicht mehr online. Aber schauen Sie sich Colin Robertson bei ted.com an.

Vielleicht sind Sie auch gar nicht zu sehen. Ihre Stimme kommt **aus dem Off**, die Bühne bleibt leer. Erst so nach und nach entdecken die Menschen, wer da zu ihnen spricht, während Sie nach vorne kommen.

Und wenn Ihnen das alles nicht gefällt, dann **beschimpfen** Sie Ihre Zuschauer. Sagen Sie Ihnen mal so richtig die Meinung. Ich garantiere Ihnen: Danach ist dann richtig was los!

Entdecken Sie weiter, seien Sie kreativ. Es ist immer unnötig, eine Gruppe von Menschen zu langweilen. Die sind alle extra wegen Ihnen, Ihrer Firma oder wegen eines Anlasses zum Feiern gekommen. Und die sollten Sie nicht enttäuschen. Sorgen Sie für ein eindrückliches Erlebnis.

Nur wer sich ständig etwas Neues einfallen lässt, ist der Konkurrenz um die berühmte Nasenlänge voraus.

Noch mehr Anfänge

Das reicht Ihnen immer noch nicht? Sie wollen selbst etwas entwickeln? Dann empfehle ich Ihnen so ein schönes altes Branchentelefonbuch. Egal ob das Örtliche oder die Gelben Seiten, so ein Buch ist ein Schatz. Darin ist unser gesamtes Leben abgebildet. Zumindest so für die nächsten vier oder fünf Jahre.

Reißen Sie das Register am Ende des Branchentelefonbuches heraus und gehen Sie es immer wieder mal durch. Sie werden sich wundern, wie viele wunderbare Anregungen Sie bekommen, auf die Sie sonst nie gekommen wären. Auch der Kreativitätsmuskel braucht eben ab und zu Training.

Meine drei Lieblingsanfänge

Es gibt drei Anfänge, die ich selbst besonders gerne und oft verwende. Manchmal zusätzlich zu dem Anfang, den ich ursprünglich vorbereitet hatte.

Erst einmal ist mir wichtig, Ort oder Zeit zu erwähnen **(Anfang 41 oder 42)**, um den Zuschauern einen Anfang zu liefern, der nur für sie ist. Eine Einleitung, die nicht an einem anderen Abend wiederholbar ist, ist eine Form der Wertschätzung gegenüber dem Publikum.

Zweitens spreche ich gerne ein paar von meinen Gedanken laut aus **(Anfang 43)**. Das ist für mich am einfachsten. Und manche Dinge müssen einfach raus, weil sie mich an etwas erinnern oder weil sie mir wichtig sind. Danke sagen gehört oft dazu. Oder auch die Freude, irgendwo eingeladen zu sein oder sprechen zu dürfen. Ich versuche, mir über die vielen Jahre die Ehrfurcht vor dem Beruf des Redners zu bewahren.

Und drittens versuche ich herauszukriegen, was die Zuschauer wohl gerade denken **(Anfang 49)**. Wenn ich das erwische, ist das der bestmögliche Anfang. Das Publikum fühlt sich verstanden und abgeholt. Jetzt wird es viel leichter, es über eine oder zwei Stunden durch ein Thema oder einen Sachverhalt zu führen.

Probieren Sie aus, was für Sie gut ist. Wenn Sie das Buch durchlesen, werden Ihnen einige Ideen besonders gut gefallen. Genau die lohnt es sich als Erste einfach mal auszuprobieren. Und die Seiten mit den Anfängen, bei denen Sie die Stirn runzeln, die reißen Sie einfach raus.

Letzte Vorbereitungen

Sie sind nun fertig haben alle technischen Erfordernisse vorbereitet. Jetzt müssen Sie nur noch bester Laune sein, um Ihr Feuerwerk an Ideen auch zünden zu lassen. Leider sind die meisten von uns beim Anblick von Hunderten von Zuschauern nicht unbedingt euphorisch. Schon Gruppen von 10 Zuschauern lösen bei manchen Menschen Schweißausbrüche und Magenschmerzen aus. Damit Ihnen die Situation etwas leichter fällt, habe ich Ihnen zum Schluss noch ein paar Tipps zusammengestellt, wie Sie mit dieser Situation umgehen.

1. Rechnen Sie mit dem Schlimmsten

Das meine ich ganz ernst. Es wird nicht alles klappen. Es wird nicht genau so, wie Sie sich das vorgestellt haben. Eine Rede wird nie perfekt. Es ist gut, wenn Sie sich das schon vorher klar machen. Dann bleibt Ihnen anschließend ganz viel Streit mit sich selbst erspart.

Nervosität in dieser Situation ist etwas völlig Normales. Es wäre unnatürlich, wenn Sie nicht nervös wären. Auch darüber können Sie sich vorher schon mal ärgern.

2. Testen Sie Ihre Stimme

Wenn Sie am Abend vorher ein rauschendes Fest gefeiert haben, können Sie nicht um 8 Uhr am nächsten Morgen auf die Bühne, ohne dass man hört, dass es hoch herging. Die Stimme braucht gerade nach Alkoholgenuss und auch nach längeren Schlafphasen eine Zeit, damit sie wieder richtig

„sitzt". Ich trinke auf Messen, auf denen ich den ganzen Tag reden muss, gar keinen Alkohol. Muss ich es doch, stehe ich mindestens zwei Stunden früher auf und spreche mich ein. Ich singe im Auto, ich suche mir einen Gesprächspartner für das Frühstück. Räuspern und Husten hilft da nicht. Eher ein Gespräch oder leichtes Summen.

3. Testen Sie die Technik

Ich weiß, ich bin da ein bisschen pedantisch. Aber ohne eine ausführliche Technikprobe gehe ich nicht auf die Bühne, besonders wenn ich mit Folien oder Filmen arbeite. Eine leere Batterie kann zur Katastrophe führen. Ich arbeite meistens mit Headset oder Ansteckmikro, aber natürlich habe ich das Handmikro für den Notfall getestet. Das Handmikrophon gehört in die inaktive Hand, damit darüber möglichst wenig Bewegungsenergie abfließt. Das Headset habe ich schon 20 Minuten vorher auf dem Kopf, damit ich feststellen kann, ob es sich bewegt, wenn ich mich bewege.

4. Testen Sie die Bühne

Ich gehe vorher meine Bühne ab, um zu sehen, ob es irgendwo Rückkopplungen gibt oder die Bühne vielleicht knarzt. Außerdem muss ich wissen, wo das Licht ist und ob es blendet. Es ist meist überhaupt kein Problem, einen Scheinwerfer zu drehen oder zu dimmen. Die meisten Redner trauen sich nur nicht, das anzusprechen. Manchmal mache ich sogar Zeichen auf den Boden, bis wo ich gehen kann. Das kann zum Beispiel auch sehr hilfreich sein, damit man nicht in der Projektionsfläche des Beamers steht.

Auch Rednerpulte kann man meist in der Höhe verstellen. Außerdem liegen da oft jede Menge Dinge von vergangenen Veranstaltungen herum. Das räume ich alles vorher auf.

Wie oft habe ich es erlebt, dass die Flipchartfolie vom Vorgänger während der ganzen Präsentation des nächsten Redners sehr prominent zu sehen war. Das müssen Sie vorher organisieren und absprechen.

5. Eher zu leise als zu laut

Das gilt natürlich nur, wenn Sie mit Technik arbeiten. Ein Mikrophon ist dazu da, Ihre Stimme zu verstärken, und es ist nicht sinnvoll in ein Mikrophon zu brüllen, von der Anmoderation eines Rockkonzertes mal abgesehen. Ihre Stimme bekommt einen viel voluminöseren Klang, wenn Sie leiser sprechen und Sie müssen sich weniger anstrengen. Und wenn Sie damit rechnen, dass Sie während des Vortrages von selbst lauter werden, dann sagen Sie das vorher dem Tontechniker.

6. Für den Notfall

Ich habe immer ein Taschentuch in der Hosentasche. Es ist fast noch nie zum Einsatz gekommen, aber ich fühle mich sicherer. Was mache ich bei einem schleimigen Hustenanfall, bei Schweißtropfen auf der Stirn oder einem Speichelfaden im Mundwinkel. Außerdem steht das Glas mit Wasser griffbereit, ein Stick mit der Kopie der Präsentation befindet sich in der Nähe der Bühne, ein zweiter Filzstift liegt daneben.

7. Spannung und Entspannung

Die meisten Menschen wissen, was sie entspannt und was nicht. Der Gedanke an einen warmen Sommertag am Meer genügt oft, um sich ein wenig zu beruhigen. Außerdem stelle ich alles ab, was mich ablenken könnte. Keine Beziehungsgespräche vor dem Vortrag, keine E-mails und keine anstrengenden Smalltalks.

Es kann durchaus empfehlenswert sein, den Kaffee an diesem Tag mal bewusst wegzulassen. Der Anlass bietet Spannung genug.

8. Essen und Trinken

Einen Vortrag plane ich von hinten. Wenn ich um 16 Uhr auftrete, darf das Mittagessen um 12 Uhr nicht das Letzte sein, was ich gegessen habe. Nach 14 Uhr esse ich aber auch nichts mehr, vor allem nichts Schweres oder Fettes. Und bitte nicht kurz vorher noch etwas Süßes. Nach dem Genuss eines Schokoriegels braucht der Mund eine halbe Stunde, bevor er einsatzfähig ist. Mit verklebtem Mund wird eine Key-note richtig anstrengend.

Dasselbe gilt für die Toilettengänge. Auch die sind rückwärts geplant.

9. Kurz vorher

In der letzten Stunde vor dem Vortrag, üben Sie nicht mehr, bearbeiten Sie nicht mehr und Sie zählen auch nicht rückwärts. Feste Empfehlungen gibt es nicht. Ich gehe gerne, weil das meine Spannung abbaut. Aber ich diskutiere nicht mit dem Veranstalter, wie aufregend das jetzt alles ist. Dadurch wird alles noch aufregender.

10. Haben Sie Spaß

Das meine ich so, wie ich es schreibe. Stellen Sie sich vor, wieviel Spaß Ihnen das machen wird, und es wird Ihnen mehr Spaß machen.

Das Ende

Ein guter Redner überzieht nicht und nutzt nicht die Möglichkeit, am Ende noch möglichst vielen Menschen noch möglichst viele Botschaften in der immer weniger werdenden Zeit zuzurufen. Kommen Sie nicht erst zum Ende, wenn ein Drittel der Zuschauer im Gehen begriffen ist. Fangen Sie jetzt nicht noch an, Internetadressen vorzusprechen, auf Bücher hinzuweisen oder die Daten für die nächsten Auftritte herunterzubeten. Das haben sie vor zehn Minuten gemacht, wenn es denn unbedingt notwendig gewesen sein sollte. Sparen Sie sich Enden wie:

- *Nun, ich denke, das wars dann.*
- *Ich denke, ich konnte die meisten Fragen beantworten. Trotzdem noch Fragen?*
- *Ich bin ein bisschen über der Zeit. Also machen wir es kurz. Danke fürs Zuhören.*

Entschuldigen Sie sich nicht für Dinge, die während des Vortrags schiefgelaufen sind. Warum das am Ende noch einmal aufwärmen? Das sollten Sie längst gemacht haben.

Auch Fragen haben Sie vorher beantwortet. Jetzt kommen Sie zum Ende. Und das ist geplant. Inszeniert. Das hat einen Rhythmus und es sind ein paar kluge Gedanken darin, nicht nur eine Zusammenfassung dessen, was wir vor 20 Minuten gehört haben.

Sie werden ruhiger. Sie werden bestimmter. Jetzt kommt der letzte Gedanke, die letzte Geschichte, der letzte Merksatz. Der gute Redner zeigt den Weg, gibt Tipps, wie es weitergehen könnte.

Und dazu können Sie wieder all die 100 Möglichkeiten verwenden, die ich Ihnen für den Anfang gezeigt habe: von dem Gedanken, wie sehr man sich geehrt gefühlt hat, bis zum Film, vom Zaubertrick bis zum veränderten Zitat. Ein paar Worte des Dankes zum Beispiel wären hier sehr ungewöhnlich, würden also besser bemerkt und wären wirkungsvoller als am Anfang.

Hören Sie nicht ohne Schlusssatz auf. Die Zuschauer fühlen sich sonst überrumpelt, hinausgeschmissen, vor die Tür gesetzt. Der Schlusssatz gehört zur Rede dazu.

Ich persönlich achte aber immer darauf, dass es am Ende tiefsinnig wird, dass die letzte Botschaft etwas ist, was nachklingen kann, das man möglicherweise mit nach Hause nimmt. Etwas, das haften bleibt und das die Zuschauer auf dem Weg zu ihrem Auto oder zum Bus beschäftigt.

Dann kommt breit und langsam, wichtig und einfach, klar und deutlich ein knackiger letzter Satz, den man sich gut überlegt hat.

Nicht zu lang, leicht zu behalten und möglicherweise witzig. Er muss sitzen wie der Paukenschlag am Schluss einer Sinfonie. Je nach Thema laut und voller Begeisterung oder leise mit feiner Ironie. Immer langsamer, mit einer Pause davor und danach. Schließlich sollte jeder erkennen, dass jetzt Schluss ist. Sonst wissen die Zuschauer ja nicht, wann sie applaudieren sollen.

Der Redner schaut alle sehr bestimmt und sicher an, steht fest auf beiden Beinen, ist die Ruhe selbst. Möglicherweise lächelt er dabei gewinnend. Und wenn es schön war, wenn ihm alle zugehört haben, wenn man gemeinsam eine anregende Stunde verbracht hat, dann sagt er anschließend „Danke schön!".

Ich als Schauspieler verbeuge mich auch noch zum Schluss. Ich kann das gar nicht anders, denn ich liefere ja bei den meisten Reden so etwas wie eine bezahlte Performance ab. Ich werde gebucht und verbeuge mich, wenn ich meine Leistung abgeliefert habe.

Aber je nach Redeanlass wirkt das unangemessen, und ein Verbeugen wäre fehl am Platz. Aber wenn Sie wollen: Nur Mut! Auch das ist eine Form der Wertschätzung. Vielleicht nicken Sie ja auch nur kurz und freundlich mit dem Kopf als Zeichen, dass Sie sich freuen.

Der Profi endet genau 30 Sekunden vor oder nach dem vorher vereinbarten Zeitpunkt.

Erwähnte Bücher

Danz, Gerriet, Wilberg, Tim: An die Wand geworfen. Die lustigsten Powerpointpräsentationen von Angela Merkel bis zum Weihnachtsmann. München: Heyne, 2014

Jarvis, Jeff: Was würde Google tun? Wie man von den Erfolgsstrategien des Internetgiganten profitiert. München: Heyne, 2009

Nöllke, Matthias: Starke Worte – einfach eine gute Rede halten. Wie Sie Ihre Zuhörer informieren, bewegen, überzeugen. München: Beck, 2015

Rossié, Michael: Sprechertraining. Texte präsentieren in Radio, Fernsehen und vor Publikum. 6. Aufl. Wiesbaden: Springer VS, 2013

Sauer, Johannes, Rachow, Axel: Der Flipchart-Coach. Profi-Tipps zum Visualisieren und Präsentieren am Flipchart. Bonn: managerSeminare Verlags GmbH, 2016

Skipwith, Thomas: Der Wurm muss dem Fisch schmecken – Mit Power präsentieren und rhetorisch punkten. Zürich: Orell Füssli, 2011

Tucholsky, Kurt: Ratschläge für einen schlechten Redner, in: Gesammelte Werke. Reinbek bei Hamburg: Rowohlt, 1990

Watzlawick, Paul: Anleitung zum Unglücklichsein. 15. Aufl. München: Piper, 2009

Angesprochene Filme und Redner

(Reihenfolge nach Erwähnung in diesem Buch)

Margit Hertlein (www. margit-hertlein.de)

Markus Hofmann (www.unvergesslich.de)

Robert Spengler (www.robert-spengler.de)

Stefan Verra (www.stefanverra.com)

Christine Weiner (www.christine-weiner.de)

Daniel Gilbert „Why we make bad decisions" (www.youtube.com)

Thorsten Havener (thorsten-havener.com)

Peter Zinn (www.psaholland.org/peter_zinn)

Lothar Seiwert (www.lothar-seiwert.de)

Stefan Spies (profil360.com)

Thomas Göller (www.goeller-mentoring.de)

Lore Lorentz (wikipedia.org/wiki/Lore_Lorentz)

Thomas Skipwith (www.descubris.ch)

Gerhard Polt (poltseite.de)

Michael Ehlers (www.michael-ehlers.de)

Gaston Florin (www.gaston-florin.de)

Michael Sporer (www.Michaelsporer.com)

Klaus J. Fink (www.klaus-fink.de)

Andreas Bornhäußer (www.praesentainment.de)

Sally Hogshead (www.howtofascinate.com)

Lutz Langhoff (www.lutzlanghoff.de)

Johannes Warth (johannes-warth.de)

Edgar K. Geffroy (www.geffroy.com)

Gaby S. Graupner (www.gabysgraupner.de)

John Bohannon, „Dance vs. PowerPoint, a modest proposal" (www.youtube.com)

Colin Robertson, „A TED speaker's worst nightmare" (www.ted.com)

Dan Thurmon (www.danthurmon.com)

Bernhard Wolff (bernhard-wolff.de)

Empfohlene Literatur

Berkun, Scott: Bekenntnisse eines Redners. Oder die Kunst, gehört zu werden. Hamburg: Nikol, 2015

Borbonus, René: Die Kunst der Präsentation. Überzeugend präsentieren und begeistern. 91 Antworten für eine eindrucksvolle Präsentation. Paderborn: Junfermann, 2008

Davies, Graham G.: The presentation Coach. Bare Knuckle Brilliance For Every Presenter. West Sussex: John Wiley and Sons, 2010

Dean, Greg: Step by step to stand-up comedy. History Ink books, 2000

Esar, Evan: The humor of humor. London: Phoenix Verlag, 1964

Garten, Matthias: PowerPoint. Der Ratgeber für bessere Präsentationen. Bonn: Vierfarben, 2013

Köhler, Hans-Uwe L.: Die perfekte Rede. So überzeugen Sie jedes Publikum. Offenbach: Gabal, 2011

Nöllke, Matthias: Reden aus dem Stand. Mehr Sicherheit für den spontanen Auftritt. München: Beck, 2015

Rossié, Michael: Frei Sprechen: in Radio, Fernsehen und vor Publikum. 5. Aufl. Wiesbaden: Springer VS, 2013

Internetquellen für gute Reden

www.youtube.com

www.myvideo.de

www.ted.com

www.themoth.org

www.gedanktentanken.com

Der Autor

Michael Rossié arbeitet seit 30 Jahren als Sprechtrainer und Coach für Radio- und Fernsehsender sowie in allen Bereichen der Wirtschaft.

Er besuchte die Schauspielschule Ruth v. Zerboni in München, anschließend folgten Theater- und Filmrollen sowie Engagements als Regisseur und Trainer von Schauspielern und Moderatoren. Außerdem schrieb er Drehbücher für diverse Fernsehserien, wie „Der Bergdoktor", „Für alle Fälle Stephanie" oder „In aller Freundschaft".

In seinen Seminaren zeigt er neue Wege, vor und mit Gruppen zu kommunizieren. Mittlerweile sind von ihm acht Bücher erschienen.

Michael Rossié ist seit 2012 Vizepräsident des Berufsverbandes der Redner deutscher Sprache (GSA) und Mitglied der Top 100 von Speakers Excellence. Seit 2013 trägt er als zwölfter Deutscher den Titel CSP (Certified Speaking Professional).

Impressum:
Verlag C. H. Beck im Internet: www.beck.de
ISBN: 978-3-406-69944-3
© 2016 Verlag C. H. Beck oHG
Wilhelmstraße 9, 80801 München
Satz: Fotosatz Buck, 84036 Kumhausen
Druck und Bindung: Beltz Bad Langensalza GmbH
Neustädter Str. 1–4, 99947 Bad Langensalza
Umschlaggestaltung: Ralph Zimmermann – Bureau Parapluie
Umschlagbild: alphaspirit – depositphotos.com
Gedruckt auf säurefreiem, alterungsbeständigem Papier
(hergestellt aus chlorfrei gebleichtem Zellstoff)